D1924545

Dr. Oetker

CUP CAKES

Dr. Oetker

CUP CAKES

Dr. Oetker Verlag

4 VORWORT

Von außen nach innen schön langsam, mit sanftem Druck spritzen. Dann in der Mitte ein Zipfelchen der schokoladigen Sahnecreme mit leichtem Schwung nach oben ziehen. Zuletzt noch die Cremekrone mit einem nussig-knusprigen Chili-Schoko-Keks liebevoll garnieren – fertig ist der Hot Chili Cake. Ob nun so feurig-schokoladig oder doch eiskalt aus dem Gefrierschrank wie der Cookie Cupcake: Es sind die Toppings, die den an gewöhnliche Muffins erinnernden Törtchen ihren Glamourfaktor verleihen.

Cupcakes sind so wunderbar wandelbar! Die Creme aus Sahne, Crème fraîche, Mascarpone oder Quark, vielleicht noch gefärbt in zartes Rosa, schickes Dunkelbraun oder leuchtendes Lila und schließlich edel aufgehübscht mit allem, was das Herz begehrt: Frische Früchte, knackige Nüsse, essbare Blüten, feine Schokoladenlocken, bunte Streusel, pink glitzernde Zuckersplitter oder rosa Herzen erzielen mit kleinem Aufwand große Wirkung. Dazu eine nette Runde. Eine Prise Sorglosigkeit. Eine Tasse Tee oder Kaffee. Mehr braucht es nicht ... zum Glück.

Wir haben alle Rezepte ausprobiert und so für Sie aufgeschrieben, dass sie garantiert gelingen.

6 RASPBERRY CUPCAKES 12 STÜCK

PRO STÜCK: E: 6 g, F: 29 g, Kh: 41 g, kJ: 1891, kcal: 452, BE: 3,5
ZUBEREITUNGSZEIT: 1 Stunde, ohne Kühlzeit
BACKZEIT: etwa 25 Minuten

FEIN & ZART

FÜR DEN TEIG:

200 g Weizenmehl
40 g abgezogene, gem. Mandeln
1 ½ gestr. TL Dr. Oetker Backin
¼ gestr. TL Salz
80 g Zucker
100 g Butter (zimmerwarm)
250 g Joghurt (3,5 % Fett)
2 Eier (Größe M)
150 g TK-Himbeeren
2 TL Speisestärke

ZUM GARNIEREN:

200 g weiße Schokolade
einige silberne Zuckerperlen

FÜR DAS TOPPING:

500 g Schlagsahne (mind. 30 % Fett)
2 Pck. Sahnesteif
6 EL Himbeersirup

AUSSERDEM:

24 Muffin-Papierbackförmchen

1. Die Mulden einer Muffinform für 12 Muffins mit je 2 Papierbackförmchen auslegen.

2. Den Backofen vorheizen.
Ober-/Unterhitze: etwa 180 °C
Heißluft: etwa 160 °C

3. Für den Teig Mehl mit Mandeln, Backpulver, Salz und Zucker mischen. Die Butter zerlassen und lauwarm abkühlen lassen. Dann in eine Rührschüssel geben, mit Joghurt und Eiern verrühren.

4. Die gefrorenen Himbeeren mit Speisestärke bestäuben und darin wälzen, bis sie gleichmäßig mit der Stärke überzogen sind. Das Mehlgemisch gut unter die Butter-Joghurt-Masse rühren. Die gefrorenen Himbeeren unterheben.

5. Den Teig gleichmäßig in der Form verteilen. Die Muffinform auf dem Rost in den vorgeheizten Backofen (unteres Drittel) schieben. Die Cupcakes **etwa 25 Minuten backen.**

6. Die Muffinform auf einen Kuchenrost stellen. Cupcakes nach 5 Minuten aus der Form lösen und auf dem Kuchenrost erkalten lassen.

7. Zum Garnieren in der Zwischenzeit die Schokolade in kleine Stücke brechen. Zwei Drittel davon in einem kleinen Topf im Wasserbad bei schwacher Hitze unter Rühren schmelzen. Den Topf aus dem Wasserbad nehmen und die restliche Schokolade darin unter Rühren schmelzen. Die Schokolade in eine Papierspritztüte füllen und eine kleine Ecke abschneiden.

8. Mit der Schokolade kleine Blümchen auf Backpapier spritzen. Solange die Schokolade noch weich ist, die Mitte der einzelnen Blümchen mit Zuckerperlen belegen. Die Schokolade fest werden lassen.

9. Für das Topping die Sahne mit dem Sahnesteif steif schlagen, den Himbeersirup unterschlagen. Himbeersahne in einen Spritzbeutel mit Sterntülle füllen und dekorativ auf die Cupcakes spritzen. Die Cupcakes zugedeckt, sodass das Topping nicht zerdrückt wird, etwa 30 Minuten in den Kühlschrank stellen.

10. Die Schokoladenblümchen vorsichtig, am besten mit einer kleinen Palette, vom Backpapier lösen. Die Raspberry Cupcakes erst kurz vor dem Servieren mit den Schokoladenblümchen garnieren.

8 BLACKBERRY CUPCAKES 12 STÜCK

PRO STÜCK: E: 8 g, F: 29 g, Kh: 16 g, kJ: 1473, kcal: 353, BE: 1,5
ZUBEREITUNGSZEIT: 35 Minuten, ohne Abkühlzeit
BACKZEIT: 20–25 Minuten

GANZ OHNE MEHL

FÜR DEN TEIG:
270 ml Milch (1,5 % Fett)
120 g Butter oder Margarine (zimmerwarm)
1 Prise Salz
140 g Zucker
150 g gem. Mohn
3 Eier (Größe M)
180 g gem. Haselnüsse
1 ½ gestr. TL Dr. Oetker Backin
1 gestr. TL gem. Zimt

FÜR DAS TOPPING:
150 g Crème fraîche
1 EL Puderzucker
12 Brombeeren

AUSSERDEM:
12 Muffin-Papierbackförmchen

---

1. Die Mulden einer Muffinform für 12 Muffins mit den Papierbackförmchen auslegen.

2. Für den Teig Milch mit Butter oder Margarine, Salz und Zucker in einen Topf geben. Die Zutaten zum Kochen bringen. Den Mohn hinzufügen und unter Rühren bei mittlerer Hitze 1 Minute kochen lassen. Den Topf von der Kochstelle nehmen und die Mohnmasse etwas abkühlen lassen.

3. Den Backofen vorheizen.
Ober-/Unterhitze: etwa 180 °C
Heißluft: etwa 160 °C

4. Die Eier nach und nach mit einem Schneebesen unter die lauwarme Mohnmasse rühren.

5. Haselnüsse mit Backpulver und Zimt gut vermischen. Die Nuss-Zimt-Mischung gleichmäßig unter die Mohn-Eier-Masse heben.

6. Den Teig gleichmäßig in der Form verteilen. Die Muffinform auf dem Rost in den vorgeheizten Backofen schieben. Die Cupcakes **20–25 Minuten backen.**

7. Die Muffinform auf einen Kuchenrost stellen. Cupcakes nach etwa 5 Minuten aus der Form lösen und auf dem Kuchenrost erkalten lassen.

8. Für das Topping Crème fraîche mit Puderzucker mit einem Mixer (Rührstäbe) auf mittlerer Stufe steif schlagen.

9. Mithilfe von 2 Teelöffeln auf jeden Cupcake einen Klecks Crème fraîche geben und mit abgespülten, trocken getupften Brombeeren garnieren.

Tipp: Garnieren Sie die Cupcakes nicht mit Brombeeren, sondern mit vorbereiteten Feigenspalten.

10 BRANDTEIG-CAKES „BLACK FOREST“ 12 STÜCK

PRO STÜCK: E: 5 g, F: 9 g, Kh: 30 g, kJ: 978, kcal: 234, BE: 2,5
ZUBEREITUNGSZEIT: 40 Minuten, ohne Abkühlzeit
BACKZEIT: 25–30 Minuten

MIT ALKOHOL

ZUM VORBEREITEN:
1 EL Speisestärke
2 EL Zucker
4 EL Kirschwasser
350 g abgetropfte Sauerkirschen (aus dem Glas)
6 EL Sauerkirschsaft (aus dem Glas)

FÜR DEN BRANDTEIG:
250 ml Wasser
50 g Butter
1 TL Zucker
120 g Weizenmehl
2 Prisen Salz
4 Eier (Größe M)

FÜR DAS TOPPING:
500 ml Milch (1,5 % Fett)
2 Pck. Schwarzwälder-Kirsch-Creme (Dessertpulver)
2–3 EL Schokoladenlocken oder Raspelschokolade
1 EL Puderzucker

AUSSERDEM:
Butter und Mehl für die Muffinform
12 Muffin-Papierbackförmchen

---

1. Zum Vorbereiten Speisesstärke mit Zucker und Kirschwasser anrühren. Die Kirschen und 6 Esslöffel Kirschsaft in einen Topf geben und bei mittlerer Hitze zum Kochen bringen. Die angerührte Speisestärke zu den Kirschen geben, unter Rühren kurz aufkochen und erkalten lassen.

2. Die Mulden einer Muffinform für 12 Muffins dick mit Butter fetten, dann mehlen.

3. Den Backofen vorheizen.
Ober-/Unterhitze: etwa 200 °C
Heißluft: etwa 180 °C

4. Für den Teig Wasser mit Butter und Zucker am besten in einem Stieltopf zum Kochen bringen. Mehl mit dem Salz auf einmal in die von der Kochstelle genommene Flüssigkeit schütten, zu einem glatten Kloß rühren und unter Rühren etwa 1 Minute erhitzen. Den heißen Brandteig-Kloß sofort in eine Schüssel geben und 10 Minuten abkühlen lassen.

5. Nach und nach die Eier mit einem Mixer (Knethaken) auf höchster Stufe unterarbeiten.

6. Den Brandteig in einen Spritzbeutel ohne Tülle füllen und den Teig gleichmäßig in den Muffinförmchen verteilen. Die Form auf dem Rost in den vorgeheizten Backofen schieben. Die Cupcakes **25–30 Minuten backen,** dabei den Backofen nicht öffnen!

7. Die Muffinform auf einen Kuchenrost stellen. Sofort nach dem Backen die Brandteig-Cakes aus der Form lösen und von jedem Brandteig-Cake einen Deckel abschneiden. Das Gebäck auf dem Kuchenrost erkalten lassen.

8. Für das Topping aus der Milch und dem Dessertpulver nach Packungsanleitung eine Creme herstellen.

9. Die Unterteile der Brandteig-Cakes in die Papierförmchen setzen, die Kirschen gleichmäßig darauf verteilen.

10. Die Schwarzwälder-Kirsch-Creme in einen Spritzbeutel mit Sterntülle (Ø etwa 1 ½ cm) füllen. Die Creme in dicken Tupfen auf die Kirschen spritzen.

11. Die Creme mit Schokoladenlocken oder Raspelschokolade bestreuen. Brandteig-Cakes zugedeckt, sodass die Creme nicht zerdrückt wird, mindestens 1 Stunde in den Kühlschrank stellen.

12. Zum Servieren die Brandteig-Deckel auf die Cupcakes setzen und mit Puderzucker bestäuben.

Tipps: Möchten Sie die Kirschfüllung ohne Alkohol zubereiten, können Sie das Kirschwasser durch die gleiche Menge Kirschsaft ersetzen.
Statt mit Schwarzwälder-Kirsch-Creme können Sie die Brandteig-Cakes auch mit 600 g Schlagsahne (mind. 30 % Fett) füllen. Dafür diese mit 2 Päckchen Sahnesteif und 2 Esslöffeln Zucker steif schlagen und wie beschrieben auf die Kirschen spritzen.

12 CHERRY CRUMBLE CAKES 12 STÜCK

PRO STÜCK: E: 6 g, F: 11 g, Kh: 34 g, kJ: 1114, kcal: 267, BE: 3,0
ZUBEREITUNGSZEIT: 40 Minuten, ohne Abkühlzeit
BACKZEIT: etwa 30 Minuten

KNUSPRIG

FÜR DIE STREUSEL:

220 g Dinkelmehl (Type 630)
½ TL gem. Zimt
1 Prise Salz
1 Msp. Hirschhornsalz
100 g brauner Zucker
120 g Butter oder Margarine (zimmerwarm)

FÜR DIE FÜLLUNG:

350 g abgetropfte Sauerkirschen (aus dem Glas)
300 ml Sauerkirschsaft (aus dem Glas)
15 g Speisestärke
20 g Zucker

FÜR DAS TOPPING:

250 g Magerquark
15 g Puderzucker
100 g Schlagsahne (mind. 30 % Fett)

AUSSERDEM:

24 Muffin-Papierbackförmchen

---

1. Die Mulden einer Muffinform für 12 Muffins mit je 2 Papierbackförmchen auslegen.

2. Den Backofen vorheizen.
Ober-/Unterhitze: etwa 180 °C
Heißluft: etwa 160 °C

3. Für die Streusel Dinkelmehl mit Zimt, Salz und Hirschhornsalz in einer Rührschüssel mischen. Zucker und Butter oder Margarine hinzufügen. Die Zutaten mit einem Mixer (Knethaken) zunächst kurz auf niedrigster, dann auf höchster Stufe zu groben Streuseln verarbeiten.

4. Die Streusel in 2 gleich große Portionen teilen, 1 Portion davon beiseitestellen. Von der anderen Portion je 1 Esslöffel in je 1 Muffinförmchen geben und grob andrücken. Die Form auf dem Rost in den vorgeheizten Backofen schieben. Die Streuselböden in **etwa 12 Minuten goldbraun vorbacken.**

5. Für die Füllung von den Kirschen den Saft auffangen und 300 ml abmessen. Speisestärke mit Zucker und 4 Esslöffeln von dem Saft anrühren. Den restlichen Saft zum Kochen bringen. Die angerührte Speisestärke in den von der Kochstelle genommenen Saft einrühren und kurz aufkochen. Die Kirschen unterrühren. Von dem Kompott 12 Kirschen zum Garnieren beiseitelegen.

6. Das restliche Kompott gleichmäßig auf den Streuselböden verteilen. Die restlichen Streusel daraufgeben. Die Form wieder auf dem Rost in den heißen Backofen schieben. Die Cakes **bei gleicher Backofentemperatur in etwa 18 Minuten fertig backen.**

7. Die Muffinform auf einen Kuchenrost stellen. Die Cherry Crumble Cakes nach etwa 5 Minuten aus der Form lösen und auf einem Kuchenrost erkalten lassen.

8. Für das Topping den Quark mit dem Puderzucker in einer Schüssel glatt rühren. Die Sahne steif schlagen und mit einem Schneebesen unter die Quarkmasse heben.

9. Kurz vor dem Servieren die Quarksahne mit einem Löffel gleichmäßig auf den Cupcakes verteilen und mit je 1 Kirsche garnieren.

Tipp: Sie können die Cherry Crumble Cakes auch in kleinen Auflaufförmchen backen.

14 GOOSEBERRY CUPCAKES 12 STÜCK

PRO STÜCK: E: 5 g, F: 21 g, Kh: 33 g, kJ: 1419, kcal: 339, BE: 2,5
ZUBEREITUNGSZEIT: 40 Minuten, ohne Abkühlzeit
BACKZEIT: 25–30 Minuten

HIMMLISCH

FÜR DEN TEIG:

150 g Butter oder Margarine (zimmerwarm)
120 g Zucker
1 Pck. Dr. Oetker Bourbon-Vanille-Zucker
1 Prise Salz
3 Eier (Größe M)
120 g Weizenmehl
80 g abgezogene, gem. Mandeln
1 ½ gestr. TL Dr. Oetker Backin
250 g abgetropfte Stachelbeeren (aus dem Glas)

FÜR DAS TOPPING:

200 g Schlagsahne (mind. 30 % Fett)
1 TL Zucker
1 Pck. Sahnesteif
etwa 18 Baiserwellen (etwa 100 g, fertig gekauft)
100 g abgetropfte Stachelbeeren (aus dem Glas)
einige frische Pfefferminzblätter

AUSSERDEM:

12 Muffin-Papierbackförmchen

1. Die Mulden einer Muffinform für 12 Muffins mit den Papierbackförmchen auslegen.

2. Den Backofen vorheizen.
Ober-/Unterhitze: etwa 180 °C
Heißluft: etwa 160 °C

3. Für den Teig Butter oder Margarine mit Zucker, Vanille-Zucker und Salz in einer Rührschüssel mit einem Mixer (Rührstäbe) zunächst kurz auf niedrigster, dann auf höchster Stufe etwa 4 Minuten schaumig schlagen. Eier nach und nach unterrühren (jedes Ei etwa ½ Minute).

4. Mehl mit Mandeln und Backpulver gut vermischen. Die Mehlmischung unter die Eier-Fett-Masse rühren. Die Stachelbeeren vorsichtig unter den Teig heben.

5. Den Teig gleichmäßig in der Form verteilen. Die Muffinform auf dem Rost in den vorgeheizten Backofen schieben. Die Cupcakes **25–30 Minuten backen.**

6. Die Muffinform auf einen Kuchenrost stellen. Cupcakes nach etwa 5 Minuten aus der Form lösen und auf dem Kuchenrost erkalten lassen.

7. Für das Topping die Sahne mit dem Zucker und dem Sahnesteif steif schlagen. Die Sahne in einen Spritzbeutel mit mittlerer Lochtülle geben. 6 von den Baiserwellen halbieren. Die Cupcakes mit der Schlagsahne verzieren und mit je 1 ½ Baiserwellen belegen. Die Cupcakes mit Stachelbeeren und abgespülten, trocken getupften Pfefferminzblättchen garnieren.

16 STRAWBERRY CUPCAKES 12 STÜCK

PRO STÜCK: E: 5 g, F: 29 g, Kh: 36 g, kJ: 1812, kcal: 433, BE: 3,0
ZUBEREITUNGSZEIT: 35 Minuten, ohne Abkühlzeit
BACKZEIT: etwa 30 Minuten

VOM SOMMER GEKÜSST

FÜR DEN TEIG:

2 Eiweiß (Größe M)
1 Prise Salz
1 Pck. Dr. Oetker Vanillin-Zucker
180 g Zucker
2 Eigelb (Größe M)
1 Ei (Größe M)
220 g Butter oder Margarine (zimmerwarm)
200 g Weizenmehl
1 ½ gestr. TL Dr. Oetker Backin
1 Msp. Natron
100 g Joghurt

FÜR DAS TOPPING:

500 g Erdbeeren
50 g Baiser (fertig gekauft)
2 Pck. Sahnesteif
250 g Mascarpone (ital. Frischkäse)
100 g Schlagsahne (mind. 30 % Fett)
50 g Joghurt (3,5 % Fett)
einige Minze- oder Melisseblätter zum Garnieren

AUSSERDEM:

12 Muffin-Papierbackförmchen

---

1. Die Mulden einer Muffinform für 12 Muffins mit den Papierbackförmchen auslegen.

2. Den Backofen vorheizen.
Ober-/Unterhitze: etwa 180 °C
Heißluft: etwa 160 °C

3. Für den Teig das Eiweiß mit dem Salz steif schlagen. Den Eischnee 3 Minuten weiterschlagen, dabei nach und nach den Vanillin-Zucker und die Hälfte von dem Zucker unterschlagen.

4. In einer anderen Schüssel Eigelb mit Ei, Butter oder Margarine und restlichem Zucker schaumig rühren. Mehl mit Backpulver und Natron mischen, dann mit dem Joghurt abwechselnd unterrühren. Den Eischnee in 2 Portionen kurz auf niedrigster Stufe unterrühren. Den Teig gleichmäßig in der Form verteilen. Die Muffinform auf dem Rost in den vorgeheizten Backofen schieben. **Die Cupcakes etwa 30 Minuten backen.**

5. Die Muffinform auf einen Kuchenrost stellen. Cupcakes nach 5 Minuten aus der Form lösen und auf dem Kuchenrost erkalten lassen.

6. Für das Topping die Erdbeeren entstielen, abspülen und trocken tupfen. 6 Erdbeeren zum Garnieren beiseitelegen, restliche Erdbeeren klein würfeln. Das Baiser grob hacken, dann zerbröseln. Baiserbrösel mit Erdbeerwürfeln und Sahnesteif mischen. Mascarpone mit Sahne steif schlagen. Die Hälfte davon mit der Erdbeermasse mischen und mit einem Messer auf die Cupcakes streichen.

7. Den Joghurt kurz unter die restliche Mascarpone-Sahne rühren. Die Creme in einen Spritzbeutel mit Sterntülle (Ø etwa 1 cm) füllen. Auf jeden Cupcake einen Tupfen Creme spritzen. Die Cupcakes jeweils mit einer halben Erdbeere und evtl. einem Minze- oder Melisseblatt garnieren und sofort servieren.

18 PLUM CUPCAKES 12 STÜCK

PRO STÜCK: E: 4 g, F: 13 g, Kh: 25 g, kJ: 958, kcal: 229, BE: 2,0
ZUBEREITUNGSZEIT: 40 Minuten, ohne Teiggeh- und Abkühlzeit
BACKZEIT: 25–30 Minuten

HEFELOCKER

6 große Pflaumen (etwa 450 g)

FÜR DEN TEIG:
220 g Weizenmehl
½ Pck. (21 g) frische Hefe
140 ml Milch (1,5 % Fett, zimmerwarm)
30 g Zucker
2 Prisen Salz
1 Eigelb (Größe M)
50 g Butter (zimmerwarm)

2 EL gehackte Haselnüsse zum Bestreuen

FÜR DAS TOPPING:
3 EL Zucker
1 TL gem. Zimt
250 g Schlagsahne (mind. 30 % Fett)
einige Zitronenmelisseblättchen

AUSSERDEM:
12 Muffin-Papierbackförmchen

---

1. Die Mulden einer Muffinform für 12 Muffins mit den Papierbackförmchen auslegen.

2. Die Pflaumen abspülen, abtrocknen, halbieren, entsteinen und jede Hälfte in 4 Spalten schneiden.

3. Für den Teig Mehl in eine Rührschüssel geben und in die Mitte eine Vertiefung eindrücken. Hefe hineinbröckeln, mit etwas Milch und Zucker verrühren und zugedeckt etwa 15 Minuten stehen lassen.

4. Anschließend restliche Zutaten hinzufügen und mit einem Mixer (Knethaken) zunächst kurz auf niedrigster, dann auf höchster Stufe in etwa 5 Minuten zu einem glatten Teig verarbeiten. Den Teig zugedeckt so lange an einem warmen Ort gehen lassen, bis er sich sichtbar vergrößert hat, etwa 30 Minuten.

5. Den Backofen vorheizen.
Ober-/Unterhitze: etwa 180 °C
Heißluft: etwa 160 °C

6. Den Teig mit 2 Esslöffeln gleichmäßig in der Form verteilen. In jeden Cupcake 4 Pflaumenspalten drücken. Die Pflaumenspalten mit den gehackten Nüssen bestreuen. Die Cupcakes zugedeckt nochmals so lange an einem warmen Ort gehen lassen, bis sie sich sichtbar vergrößert haben, etwa 30 Minuten.

7. Die Muffinform auf dem Rost in den vorgeheizten Backofen schieben. Die Cupcakes **25–30 Minuten backen.**

8. Die Muffinform auf einen Kuchenrost stellen. Cupcakes nach etwa 5 Minuten aus der Form lösen und auf dem Kuchenrost erkalten lassen.

9. Für das Topping Zucker mit Zimt mischen. Die Sahne mit 1 Esslöffel von dem Zimt-Zucker steif schlagen.

10. Vor dem Servieren auf jeden Cupcake einen Esslöffel Zimtsahne geben und mit Zimt-Zucker bestreuen. Die Cupcakes mit abgespülten, trocken getupften Zitronenmelisseblättchen garnieren.

20 LAVENDER BLUEBERRY CAKES 12 STÜCK

PRO STÜCK: E: 5 g, F: 11 g, Kh: 34 g, kJ: 1089, kcal: 261, BE: 3,0
ZUBEREITUNGSZEIT: 40 Minuten, ohne Kühlzeit
BACKZEIT: 25–30 Minuten

LIEBLINGSFARBE? – LILA!

ZUM VORBEREITEN:

80 g Butter oder Margarine
½ TL frische Lavendelblüten (unbehandelt)

FÜR DEN TEIG:

280 g Buttermilch
120 g Zucker
2 Eier (Größe M)
220 g Weizenmehl
1 ½ gestr. TL Dr. Oetker Backin
1 Msp. Natron
150 g TK-Heidelbeeren

FÜR DAS TOPPING:

200 g Doppelrahm-Frischkäse (zimmerwarm)
100 g Puderzucker
einige Tropfen rote und blaue Speisefarbe

ZUM GARNIEREN:

12 Lavendelblüten (unbehandelt)

AUSSERDEM:

12 Muffin-Papierbackförmchen

---

1. Zum Vorbereiten Butter oder Margarine zerlassen und etwas abkühlen lassen. Die Lavendelblüten abspülen, trocken tupfen und fein hacken. Die Mulden einer Muffinform für 12 Muffins mit den Papierförmchen auslegen.

2. Den Backofen vorheizen.
Ober-/Unterhitze: etwa 180 °C
Heißluft: etwa 160 °C

3. Für den Teig Buttermilch mit Zucker, Eiern und zerlassener Butter oder Margarine in eine Rührschüssel geben. Die Zutaten mit einem Schneebesen gut verrühren.

4. Mehl mit Backpulver, Natron und Lavendelblüten gut mischen und unter die Buttermilchmasse rühren. Zum Schluss die gefrorenen Heidelbeeren vorsichtig unter den Teig heben.

5. Den Teig gleichmäßig in der Form verteilen. Die Muffinform auf dem Rost in den vorgeheizten Backofen schieben. Die Cupcakes **25–30 Minuten backen.**

6. Die Muffinform auf einen Kuchenrost stellen. Cupcakes nach etwa 5 Minuten aus der Form lösen und auf dem Kuchenrost erkalten lassen.

7. Für das Topping Frischkäse mit Puderzucker und Speisefarbe mit dem Mixer (Rührstäbe) auf mittlerer Stufe kurz zu einer lilafarbenen Creme verschlagen.

8. Zum Garnieren die Frischkäsecreme auf den Cupcakes verteilen und mit einem Messer glatt streichen. Die Lavendelblüten abspülen und trocken tupfen. Die Lavender Blueberry Cakes mit den Lavendelblüten garnieren.

Tipps: Sie können aus der Teigmenge auch 24 kleine Cupcakes backen. Die Backzeit verringert sich dann auf etwa 20 Minuten.
Wenn Sie keine frischen Lavendelblüten bekommen, können Sie den Teig auch mit getrockneten Lavendelblüten zubereiten und natürlich auch das Topping mit 1 Esslöffel getrockneten Lavendelblüten bestreuen.

22 APRIKOSEN-SAFRAN-CAKES 12 STÜCK

PRO STÜCK: E: 7 g, F: 32 g, Kh: 39 g, kJ: 1971, kcal: 471, BE: 3,5
ZUBEREITUNGSZEIT: 40 Minuten, ohne Abkühlzeit
BACKZEIT: etwa 30 Minuten

... VERFÜHREN MIT SONNIGEM GELB

FÜR DEN TEIG:

200 g Butter oder Margarine (zimmerwarm)
2 EL Speiseöl, z. B. Keimöl
180 g Zucker
1 Prise Salz
3 Eier (Größe M)
200 g Weizenmehl
30 g Speisestärke
2 gestr. TL Dr. Oetker Backin
100 g Joghurt (3,5 % Fett)
1 Pck. gem. Safran (0,1 g)

FÜR DAS TOPPING:

250 g abgetropfte Aprikosenhälften (aus der Dose)
2 Pck. Sahnesteif
70 g Butter (zimmerwarm)
50 g Puderzucker
350 g Doppelrahm-Frischkäse

12 Muffin-Papierbackförmchen

---

1. Die Mulden einer Muffinform für 12 Muffins mit den Papierbackförmchen auslegen.

2. Den Backofen vorheizen.
Ober-/Unterhitze: etwa 180 °C
Heißluft: etwa 160 °C

3. Für den Teig Butter oder Margarine und Speiseöl mit einem Mixer (Rührstäbe) auf höchster Stufe geschmeidig rühren. Nach und nach Zucker und Salz unterrühren. So lange rühren, bis eine gebundene Masse entstanden ist.

4. Eier nach und nach unterrühren (jedes Ei etwa ½ Minute). Mehl mit Speisestärke und Backpulver mischen. Joghurt mit Safran verrühren. Das Mehlgemisch und den Safran-Joghurt abwechselnd in 2 Portionen auf mittlerer Stufe unterrühren.

5. Den Teig gleichmäßig in der Form verteilen. Die Muffinform auf dem Rost in den vorgeheizten Backofen schieben. Die Cupcakes **etwa 30 Minuten backen.**

6. Die Muffinform auf einen Kuchenrost stellen. Cupcakes nach 5 Minuten aus der Form lösen und auf dem Kuchenrost erkalten lassen.

7. Für das Topping von den Aprikosenhälften 8 Stück zum Garnieren beiseitelegen. Das Sahnesteif mit den restlichen Aprikosenhälften in einem Rührbecher mischen. Die Zutaten mit einem Pürierstab pürieren.

8. Die Butter mit dem Puderzucker mit dem Mixer (Rührstäbe) cremig aufschlagen. Den Frischkäse esslöffelweise unterrühren. Aprikosenpüree nach und nach unterrühren.

9. Die Creme in einen Spritzbeutel mit Lochtülle (Ø 12–15 mm) füllen. Auf jeden Cupcake einen dicken Tupfen Creme spritzen. Die beiseitegelegten Aprikosenhälften in kleine Stücke schneiden, auf der Creme verteilen und leicht andrücken.

24 POPCORN CAKES 12 STÜCK

PRO STÜCK: E: 6 g, F: 27 g, Kh: 31 g, kJ: 1633, kcal: 390, BE: 2,5
ZUBEREITUNGSZEIT: 50 Minuten, ohne Abkühlzeit
BACKZEIT: 25–30 Minuten

SCHOKOLADIG & GLUTENFREI

ZUM VORBEREITEN:

250 g abgetropfte Pfirsichhälften (aus der Dose)

FÜR DEN TEIG:

150 g Butter oder Margarine (zimmerwarm)
120 g Zucker
2 EL Orangenmarmelade mit Stückchen
3 Eier (Größe M)
120 g Maismehl
80 g abgezogene, gem. Mandeln
1 ½ gestr. TL Dr. Oetker Backin
60 ml Pfirsichsaft (aus der Dose)

FÜR DAS TOPPING:

50 g Popkornmais (oder fertiges Popkorn)
2 EL neutrales Speiseöl
20 g Kokosfett
100 g Zartbitter-Schokolade (etwa 50 % Kakaoanteil)
200 g Schlagsahne (mind. 30 % Fett)
1 TL Zucker
1 Pck. Sahnesteif

AUSSERDEM:

12 Muffin-Papierbackförmchen

---

1. Zum Vorbereiten von den Pfirsichen den Saft auffangen und beiseitestellen. Die Pfirsichhälften in etwa 1 cm große Würfel schneiden.

2. Die Mulden einer Muffinform für 12 Muffins mit den Papierbackförmchen auslegen.

3. Den Backofen vorheizen.
Ober-/Unterhitze: etwa 180 °C
Heißluft: etwa 160 °C

4. Für den Teig die Butter oder Margarine mit dem Zucker in eine Rührschüssel geben. Die Zutaten mit dem Mixer (Rührstäbe) zunächst kurz auf niedrigster, dann auf höchster Stufe etwa 4 Minuten schaumig schlagen. Eier nach und nach unterrühren (jedes Ei etwa ½ Minute).

5. Maismehl mit Mandeln und Backpulver mischen und unter die Eier-Fett-Masse heben. Die Pfirsichwürfel vorsichtig unter den Teig heben.

6. Den Teig gleichmäßig in der Form verteilen. Die Muffinform auf dem Rost in den vorgeheizten Backofen schieben. Die Cupcakes **etwa 25 Minuten backen.**

7. Die Muffinform auf einen Kuchenrost stellen. Die noch heißen Cupcakes mit 60 ml von dem Pfirsichsaft bepinseln. Cupcakes nach etwa 10 Minuten aus der Form lösen und auf dem Kuchenrost erkalten lassen.

8. Für das Topping den Popkornmais mit dem Speiseöl in einem großen Topf erhitzen. Den Topf mit einem Deckel abdecken. Sobald die ersten Maiskörner aufpoppen, die Temperatur ausschalten.

9. Das Kokosfett und die Schokolade in kleine Stücke hacken. Zwei Drittel davon in einem Topf im Wasserbad bei schwacher Hitze unter Rühren schmelzen. Den Topf aus dem Wasserbad nehmen und die restlichen Kokosfett- und Schokoladenstücke darin unter Rühren schmelzen.

10. Sahne mit Zucker und Sahnesteif steif schlagen. Die Sahne mit einem Esslöffel auf den Cupcakes verteilen. Das Popkorn in die aufgelöste Schokoladen-Kokosfett-Masse geben und gut mischen. Das noch feuchte Schoko-Popkorn auf den Cupcakes verteilen.

11. Die Popcorn Cakes etwa 10 Minuten in den Kühlschrank stellen und bald servieren.

Tipp: Da das Popkorn nach einiger Zeit weich wird, die Cupcakes immer möglichst frisch servieren.

26 MINI-CUPCAKES MIT GRIESSPUDDING 24 STÜCK

PRO STÜCK: E: 2 g, F: 7 g, Kh: 14 g, kJ: 537, kcal: 128, BE: 1,0
ZUBEREITUNGSZEIT: 40 Minuten, ohne Kühlzeit
BACKZEIT: etwa 20 Minuten

ZUM NACHMITTAGSKAFFEE

FÜR DEN TEIG:

150 g Butter oder Margarine (zimmerwarm)
80 g Zucker
3 EL flüssiger Honig
1 Prise Salz
3 Eier (Größe M)
80 g Vanillejoghurt
100 g Weizenmehl
100 g Weichweizengrieß
1 gestr. TL Dr. Oetker Backin

FÜR DAS TOPPING:

220 ml Milch (1,5 % Fett)
½ Pck. (45 g) Grießbrei Vanillegeschmack
25 g Butter
12 Erdbeeren

AUSSERDEM:

24 kleine Muffin-Papierbackförmchen

---

1. Die Mulden einer Muffinform für 24 Muffins mit den Papierbackförmchen auslegen.

2. Den Backofen vorheizen.
Ober-/Unterhitze: etwa 180 °C
Heißluft: etwa 160 °C

3. Für den Teig Butter oder Margarine mit Zucker, Honig und Salz in eine Rührschüssel geben. Die Zutaten mit einem Mixer (Rührstäbe) zunächst kurz auf niedrigster, dann auf höchster Stufe etwa 4 Minuten schaumig schlagen. Eier nach und nach unterrühren (jedes Ei etwa ½ Minute), dann Vanillejoghurt kurz unterrühren. Mehl mit Grieß und Backpulver gut vermischen, unter die Eiermasse rühren.

4. Den Teig gleichmäßig in der Form verteilen. Die Muffinform auf dem Rost in den vorgeheizten Backofen schieben. Die Cupcakes **etwa 20 Minuten backen.**

5. Die Muffinform auf einen Kuchenrost stellen. Cupcakes nach etwa 5 Minuten aus der Form lösen und auf dem Kuchenrost erkalten lassen.

6. Für das Topping aus Milch und Grießbrei nach Packungsanleitung – aber mit den hier angegebenen Mengen – einen Grießbrei kochen. Den Grießbrei etwas abkühlen lassen. Die Butter in kleine Stücke schneiden und so lange unter den Grießbrei rühren bis keine Butterstücke mehr zu sehen sind. Den Grießbrei zugedeckt etwa 15 Minuten in den Kühlschrank stellen.

7. Den Grießbrei in einen Spritzbeutel mit runder Lochtülle (Ø etwa 1 cm) füllen. Auf jeden Cupcake einen Tupfen Grießbrei spritzen. Die Erdbeeren abspülen, trocken tupfen und mit dem Grün halbieren. Jeden Cupcake mit einer Erdbeerhälfte garnieren.

Tipps: Der Teig lässt sich leichter in den kleinen Mulden verteilen, wenn Sie ihn in einen Gefrierbeutel füllen, eine Ecke davon abschneiden und den Teig in die Muffinmulden spritzen.

28 ROTE-GRÜTZE-CUPCAKES 12 STÜCK

PRO STÜCK: E: 7 g, F: 31 g, Kh: 34 g, kJ: 1827, kcal: 436, BE: 3,0
ZUBEREITUNGSZEIT: 35 Minuten, ohne Kühlzeit
BACKZEIT: 25–30 Minuten

SCHOKOGENUSS

ZUM VORBEREITEN:

280 g weiße Schokolade
350 g Schlagsahne (mind. 30 % Fett)

FÜR DEN TEIG:

150 g Butter oder Margarine (zimmerwarm)
1 Prise Salz
120 g Zucker
3 Eier (Größe M)
60 g saure Sahne
120 g Weizenmehl
80 g abgezogene, gem. Mandeln
1 ½ gestr. TL Dr. Oetker Backin

FÜR DAS TOPPING:

300 g rote Grütze (aus dem Kühlregal)

AUSSERDEM:

12 Muffin-Papierbackförmchen

---

1. Zum Vorbereiten von der Schokolade zunächst 4 Esslöffel Schokoladenlocken abschaben und beiseitestellen. Die restliche Schokolade in grobe Stückchen hacken.

2. Die Sahne in einem kleinen Topf zum Kochen bringen. Den Topf von der Kochstelle nehmen und die Schokolade darin unter Rühren schmelzen. Die Schokoladensahne zugedeckt erkalten lassen, anschließend etwa 3 Stunden in den Kühlschrank stellen.

3. Die Mulden einer Muffinform für 12 Muffins mit den Papierbackförmchen auslegen.

4. Den Backofen vorheizen.
Ober-/Unterhitze: etwa 180 °C
Heißluft: etwa 160 °C

5. Für den Teig Butter mit Salz und Zucker mit einem Mixer (Rührstäbe) zunächst kurz auf niedrigster, dann auf höchster Stufe etwa 4 Minuten schaumig schlagen. Eier nach und nach unterrühren (jedes Ei etwa ½ Minute). Zum Schluss die saure Sahne unterrühren.

6. Mehl mit Mandeln und Backpulver gut vermischen. Die Mehlmischung unter die Eier-Fett-Masse rühren.

7. Den Teig gleichmäßig in der Form verteilen. Die Muffinform auf dem Rost in den vorgeheizten Backofen schieben. Die Cupcakes **25–30 Minuten backen.**

8. Die Muffinform auf einen Kuchenrost stellen. Cupcakes nach etwa 5 Minuten aus der Form lösen und auf dem Kuchenrost erkalten lassen.

9. Jeden Cupcake mit einem Teelöffel etwa 2 ½ cm tief aushöhlen.

10. Für das Topping die Schokoladensahne steif schlagen. Schokoladensahne in einen Spritzbeutel mit Lochtülle (Ø etwa 1 cm) füllen.

11. Die Cupcakes mit der roten Grütze füllen und mit einem dicken Tupfen Schokoladensahne bespritzen. Die Rote-Grütze-Cupcakes mit den Schokoladenlocken bestreuen und zugedeckt, sodass das Topping nicht zerdrückt wird, etwa 1 Stunde in den Kühlschrank stellen.

30 LEMON MERINGUE CAKES 12 STÜCK

PRO STÜCK: E: 4 g, F: 13 g, Kh: 32 g, kJ: 1084, kcal: 259, BE: 2,5
ZUBEREITUNGSZEIT: 40 Minuten, ohne Abkühlzeit
BACKZEIT: 25–30 Minuten und 3–4 Minuten für das Bräunen des Baisers

ZITRONE KÜSST BAISER

ZUM VORBEREITEN:

1 Bio-Zitrone (unbehandelt, ungewachst)
2 mittelgroße Stängel Rosmarin

FÜR DEN TEIG:

150 g Butter oder Margarine (zimmerwarm)
120 g Zucker
1 Prise Salz
2 Eier (Größe M)
2 Eigelb (Größe M)
4 EL Milch
160 g Weizenmehl
1 gestr. TL Dr. Oetker Backin

FÜR DAS TOPPING:

2 Eiweiß (Größe M)
100 g Zucker
60 g Lemoncurd
1 Stängel Rosmarin

AUSSERDEM:

12 Muffin-Papierbackförmchen

---

1. Zum Vorbereiten die Zitrone heiß abwaschen, abtrocknen und die Schale fein abreiben. Die Zitrone halbieren und den Saft auspressen. Rosmarin abspülen, trocken tupfen und die Nadeln von den Stängeln zupfen. Nadeln fein hacken.

2. Die Mulden einer Muffinform für 12 Muffins mit den Papierbackförmchen auslegen.

3. Den Backofen vorheizen.
Ober-/Unterhitze: etwa 180 °C
Heißluft: etwa 160 °C

4. Für den Teig Butter oder Margarine mit einem Mixer (Rührstäbe) auf höchster Stufe geschmeidig rühren. Zucker, Zitronenschale, fein gehackten Rosmarin und Salz hinzufügen. Die Zutaten zunächst kurz auf niedrigster, dann auf höchster Stufe in etwa 4 Minuten schaumig schlagen. Die Eier und das Eigelb mit der Milch nach und nach unterrühren.

5. Das Mehl mit dem Backpulver mischen, auf die Eiermasse geben und unterheben. Den Teig gleichmäßig in der Form verteilen. Die Muffinform auf dem Rost in den vorgeheizten Backofen schieben. Die Cupcakes **25–30 Minuten backen.**

6. Die Form auf einen Kuchenrost stellen. Die **Backofentemperatur auf etwa 240 °C erhöhen** (gilt für Ober-/Unterhitze und Heißluft).

7. Den Zitronensaft mit Wasser auf 50 ml ergänzen. Die heißen Cupcakes mit dem Zitronensaft bestreichen. Cupcakes nach etwa 5 Minuten aus der Form lösen und auf dem Kuchenrost erkalten lassen.

8. Für das Topping das Eiweiß mit dem Mixer (Rührstäbe) auf höchster Stufe steif schlagen. Der Schnee muss so fest sein, dass ein Messerschnitt sichtbar bleibt. Nach und nach den Zucker unterschlagen und so lange schlagen, bis der Eischnee stark glänzt. Den Eischnee in einen Spritzbeutel mit großer Sterntülle füllen. Auf jeden Cupcake einen dicken Eischneering spritzen. Die Cupcakes auf ein Backblech stellen. Das Backblech in den heißen Backofen schieben (mittlere Einschubleiste). Den Baiserring in 3–4 Minuten bräunen.

9. Die Cupcakes auf einem Kuchenrost erkalten lassen.

10. Lemoncurd glatt rühren. Jeweils 1 Teelöffel davon in die Baiserringe füllen. Rosmarin abspülen, trocken tupfen und die Nadeln von den Stängeln zupfen. Die Lemon Meringue Cakes mit den Rosmarinnadeln garnieren und sofort servieren.

32 SMOOTHIE CUPCAKES 12 STÜCK

PRO STÜCK: E: 4 g, F: 10 g, Kh: 17 g, kJ: 735, kcal: 176, BE: 1,5
ZUBEREITUNGSZEIT: 50 Minuten, ohne Kühlzeit
BACKZEIT: 20–25 Minuten

LOCKER & LEICHT

FÜR DEN BISKUITTEIG:

4 Eier (Größe M)
1 Prise Salz
100 g Zucker
80 g Weizenmehl
60 g abgezogene, gem. Mandeln

FÜR DAS TOPPING:

5 Blatt weiße Gelatine
250 ml Smoothie, z. B. Birne, Rote Bete und Ingwer (zimmerwarm)
250 g Schlagsahne (mind. 30 % Fett)
1 EL Zucker

ZUM GARNIEREN:

etwas Puderzucker
12 feine Dekorblüten aus Esspapier

AUSSERDEM:

12 Muffin-Papierbackförmchen

---

1. Die Mulden einer Muffinform für 12 Muffins mit den Papierbackförmchen auslegen.

2. Den Backofen vorheizen.
Ober-/Unterhitze: etwa 180 °C
Heißluft: etwa 160 °C

3. Für den Biskuitteig die Eier mit einem Mixer (Rührstäbe) auf höchster Stufe in 1 Minute schaumig schlagen. Salz und Zucker in 1 Minute einstreuen, dann noch etwa 4 Minuten schlagen.

4. Das Mehl mit den Mandeln mischen und mit einem Schneebesen unter den Eierschaum heben. Den Teig gleichmäßig in der Form verteilen. Die Muffinform auf dem Rost in den vorgeheizten Backofen schieben. Die Cupcakes **20–25 Minuten backen.**

5. Die Muffinform auf einen Kuchenrost stellen. Cupcakes nach etwa 5 Minuten aus der Form lösen und auf dem Kuchenrost erkalten lassen.

6. Von jedem Cupcake mit einem Sägemesser den Biskuitdeckel ½ cm dick abschneiden. Die Biskuitdeckel beiseitelegen. Jeden Cupcake mit einem Teelöffel vorsichtig etwas aushöhlen.

7. Für das Topping Gelatine nach Packungsanleitung einweichen. Die Gelatine leicht ausdrücken und in einem kleinen Topf bei schwacher Hitze unter Rühren auflösen. Die aufgelöste Gelatine zuerst mit etwa 6 Esslöffeln Smoothie verrühren, dann unter den restlichen Smoothie rühren. Smoothie in den Kühlschrank stellen, dabei zwischendurch umrühren.

8. Die Sahne mit dem Zucker steif schlagen. Sobald der Smoothie anfängt dicklich zu werden, die Sahne mit dem Schneebesen vorsichtig unterheben. Die Smoothiesahne in einen Spritzbeutel mit Lochtülle (Ø etwa 1 ½ cm) füllen. Die Cupcakes mit der Smoothiesahne füllen und den Biskuitdeckel daraufsetzen. Die Smoothie Cupcakes zugedeckt etwa 2 Stunden in den Kühlschrank stellen.

9. Die Smoothie Cupcakes mit Puderzucker und Dekorblüten garnieren.

34 LEMONCURD CHEESECAKES 12 STÜCK

PRO STÜCK: E: 7 g, F: 17 g, Kh: 21 g, kJ: 1123, kcal: 270, BE: 2,0
ZUBEREITUNGSZEIT: 40 Minuten, ohne Abkühlzeit
BACKZEIT: 20–25 Minuten

ERFRISCHEND

ZUM VORBEREITEN:

1 große Bio-Zitrone (etwa 150 g – unbehandelt, ungewachst)

FÜR DEN CHEESECAKE-BELAG:

100 g Vollkorn-Butterkekse
70 g Butter
3 Eier (Größe M)
120 g Zucker
200 g Doppelrahm-Frischkäse (zimmerwarm)
1 EL Speisestärke
200 g Magerquark

FÜR DAS TOPPING:

200 g Doppelrahm-Frischkäse (zimmerwarm)
60 g Lemoncurd

AUSSERDEM:

12 Muffin-Papierbackförmchen

1. Zum Vorbereiten die Zitrone heiß abwaschen und abtrocknen. Die Zitrone halbieren. Eine Hälfte zum Garnieren beiseitelegen. Von der anderen Hälfte die Schale fein abreiben und den Saft auspressen.

2. Die Mulden einer Muffinform für 12 Muffins mit den Papierbackförmchen auslegen.

3. Den Backofen vorheizen.
Ober-/Unterhitze: etwa 180 °C
Heißluft: etwa 160 °C

4. Für den Belag die Vollkornkekse in einen Gefrierbeutel geben. Den Beutel fest verschließen. Die Kekse mit einer Teigrolle fein zerbröseln und in eine Rührschüssel geben. Butter in einem kleinen Topf zerlassen und zu den Keksbröseln geben. Die Zutaten gut vermischen. Den Bröselteig gleichmäßig in den Muffinförmchen verteilen. Den Bröselteig mit der Rückseite eines Teelöffels vorsichtig darin flach drücken.

5. Die Eier mit einem Mixer (Rührstäbe) auf höchster Stufe in 1 Minute schaumig schlagen. Den Zucker einstreuen, dann noch etwa 4 Minuten schlagen.

6. Den Frischkäse mit dem Zitronensaft, der Speisestärke und dem Quark glatt rühren. Die Frischkäsemasse unter die Eiermasse rühren.

7. Den Teig gleichmäßig in der Form verteilen. Die Muffinform auf dem Rost in den vorgeheizten Backofen schieben. Die Cupcakes **20–25 Minuten backen.**

8. Die Muffinform auf einen Kuchenrost stellen. Cupcakes nach etwa 10 Minuten aus der Form lösen und auf dem Kuchenrost erkalten lassen.

9. Für das Topping den Frischkäse glatt rühren. Lemoncurd kurz so unterrühren, dass eine Marmorierung entsteht. Auf jeden Cupcake mit einem Teelöffel einen Klecks Creme geben. Die beiseitegelegte Zitronenhälfte in Scheiben schneiden und jede Zitronenscheibe vierteln. Jeden Cupcake mit einem Zitronenviertel garnieren.

Abwandlung: Aromatisieren Sie den Cheesecake-Belag mit frischem Thymian. Dafür 2–3 Stängel Thymian abspülen, trocken tupfen und die Blättchen von den Stängeln zupfen. Die Hälfte der Blättchen grob hacken und zuletzt unter die Cheesecake-Masse rühren. Die fertigen Cupcakes mit den restlichen Blättchen bestreuen.

36 LIME CAKES 12 STÜCK

PRO STÜCK: E: 3 g, F: 31 g, Kh: 46 g, kJ: 2031, kcal: 486, BE: 4,0
ZUBEREITUNGSZEIT: 35 Minuten, ohne Abkühlzeit
BACKZEIT: etwa 30 Minuten

FRISCH, GRÜN UND BESCHWIPST

FÜR DEN TEIG:

1 Bio-Limette (unbehandelt, ungewachst)
2 Eiweiß (Größe M)
1 Prise Salz
180 g brauner Zucker
1 Ei (Größe M)
2 Eigelb (Größe M)
180 g Butter oder Margarine (zimmerwarm)
3 EL Speiseöl, z. B. Sonnenblumenöl
180 g Weizenmehl
40 g Speisestärke
1 gestr. TL Dr. Oetker Backin
4 EL brauner Rum

FÜR DAS TOPPING:

50 ml Getränkesirup Zitrone-Limette
200 ml kaltes Wasser
20 g Speisestärke
200 g Butter (zimmerwarm)
150 g Puderzucker
evtl. etwas grüne Speisefarbe
½ Bio-Limette (unbehandelt, ungewachst)
etwas feiner Zucker

AUSSERDEM:

12 Muffin-Papierbackförmchen

---

1. Die Mulden einer Muffinform für 12 Muffins mit den Papierbackförmchen auslegen. Den Backofen vorheizen.
Ober-/Unterhitze: etwa 180 °C
Heißluft: etwa 160 °C

2. Für den Teig die Limette heiß abwaschen und abtrocknen. Die Schale fein abreiben, die Limette beiseitelegen. Das Eiweiß mit dem Salz mit einem Mixer (Rührstäbe) auf höchster Stufe steif schlagen. Den Eischnee 3 Minuten weiterschlagen, dabei nach und nach zwei Drittel von dem braunen Zucker einrieseln lassen.

3. In einer anderen Schüssel Ei und Eigelb mit Butter oder Margarine, Speiseöl, Limettenschale und restlichem braunen Zucker schaumig rühren. Mehl mit Speisestärke und Backpulver mischen, abwechselnd mit dem Rum mit dem Mixer auf niedrigster Stufe kurz unterrühren. Eischnee ebenfalls in 2 Portionen kurz unterrühren.

4. Den Teig gleichmäßig in der Form verteilen. Die Muffinform auf dem Rost in den vorgeheizten Backofen schieben. Die Cupcakes **etwa 30 Minuten backen.**

5. Die Muffinform auf einen Kuchenrost stellen. Cupcakes nach 5 Minuten aus der Form lösen und auf dem Kuchenrost erkalten lassen.

6. Für das Topping die beiseitegelegte Limette auspressen. 2 Esslöffel Limettensaft mit Getränkesirup, Wasser und Speisestärke in einem Topf verrühren und unter Rühren kurz aufkochen lassen. Den Topf von der Kochstelle nehmen. Frischhaltefolie direkt auf die heiße Puddingoberfläche legen. Den Pudding erkalten lassen (nicht in den Kühlschrank stellen).

7. Die Butter mit dem Puderzucker mit dem Mixer (Rührstäbe) schaumig schlagen. Nach und nach den abgekühlten Pudding unterrühren. Die Creme nach Belieben mit etwas Speisefarbe grün einfärben und in einen Spritzbeutel mit Sterntülle (Ø 12–15 mm) füllen. Auf jeden Cupcake einen dicken Tupfen Creme spritzen. Die halbe Limette heiß abwaschen und abtrocknen. Drei gleichmäßige Scheiben abschneiden und diese vierteln. Die Viertel evtl. mit Küchenpapier abtupfen und dann in feinem Zucker wälzen. Die Cupcakes kurz vor dem Servieren damit garnieren.

Tipp: Damit sich Butter und Pudding beim Verrühren zu einer glatten Creme verbinden, sollte der Pudding etwa die gleiche Temperatur wie die Butter haben. Ist er zu kalt, setzt sich die Butter ab.

38 DINKEL-CAKES 12 STÜCK

PRO STÜCK: E: 4 g, F: 18 g, Kh: 31 g, kJ: 1275, kcal: 305, BE: 2,5
ZUBEREITUNGSZEIT: 40 Minuten
BACKZEIT: 25–30 Minuten

MIT EINEM HAUCH ZIMT

ZUM VORBEREITEN:

385 g abgetropfte Mirabellen (aus dem Glas)

FÜR DEN TEIG:

3 Eiweiß (Größe M)
150 g Zucker
3 Eigelb (Größe M)
130 g Butter oder Margarine (zimmerwarm)
1 EL Crème fraîche
180 g Dinkelmehl (Type 630)
1 ½ gestr. TL Dr. Oetker Backin
1 gestr. TL gem. Zimt

FÜR DAS TOPPING:

200 g Schlagsahne (mind. 30 % Fett)
50 g Crème fraîche
1 Pck. Dr. Oetker Bourbon-Vanille-Zucker

AUSSERDEM:

12 Muffin-Papierbackförmchen
evtl. 12 ganze Mandelkerne

---

1. Zum Vorbereiten die Mirabellen halbieren und jeweils den Stein entfernen.

2. Die Mulden einer Muffinform für 12 Muffins mit den Papierbackförmchen auslegen.

3. Den Backofen vorheizen.
Ober-/Unterhitze: etwa 180 °C
Heißluft: etwa 160 °C

4. Für den Teig das Eiweiß mit einem Mixer (Rührstäbe) auf höchster Stufe steif schlagen, dabei nach und nach 100 g von dem Zucker einrieseln lassen. In einer anderen Schüssel Eigelb mit Butter oder Margarine, Crème fraîche und dem restlichen Zucker in eine Rührschüssel geben. Die Zutaten mit dem Mixer (Rührstäbe) zunächst kurz auf niedrigster, dann auf höchster Stufe etwa 4 Minuten schaumig schlagen.

5. Dinkelmehl mit Backpulver und Zimt mischen. Den Eischnee mit der Mehlmischung in 2 Portionen unter die Eier-Fett-Masse heben.

6. Von den Mirabellenhälften 12 Stück zum Garnieren beiseitelegen. Die restlichen Mirabellenhälften unter den Teig heben.

7. Den Teig gleichmäßig in der Form verteilen. Die Muffinform auf dem Rost in den vorgeheizten Backofen schieben. Die Cupcakes **25–30 Minuten backen.**

8. Die Muffinform auf einen Kuchenrost stellen. Cupcakes nach etwa 5 Minuten aus der Form lösen und auf einem Kuchenrost erkalten lassen.

9. Für das Topping Sahne mit Crème fraîche in einem Rührbecher mit dem Mixer (Rührstäbe) auf mittlerer Stufe steif schlagen. Dabei den Vanille-Zucker einrieseln lassen. Die Sahnecreme in einen Spritzbeutel mit Lochtülle füllen. Die Dinkel-Cakes mit kleinen Sahnecremetupfen verzieren.

10. Jeden Cupcake mit einer Mirabellenhälfte belegen. In jede Mirabellenhälfte nach Belieben jeweils einen Mandelkern legen.

40 APPLESAUCE CUPCAKES 12 STÜCK

PRO STÜCK: E: 3 g, F: 13 g, Kh: 33 g, kJ: 1093, kcal: 261, BE: 3,0
ZUBEREITUNGSZEIT: 25 Minuten, ohne Abkühlzeit
BACKZEIT: etwa 30 Minuten

SO SCHLICHT, SO GROSSARTIG

FÜR DEN TEIG:

170 g Weizenmehl
30 g Weichweizengrieß
3 gestr. TL Dr. Oetker Backin
1 Prise Salz
120 g Zucker
1 Pck. Dr. Oetker Vanillin-Zucker
250 g Apfelmus (aus dem Glas)
50 g Buttermilch
100 ml neutrales Speiseöl, z. B. Sonnenblumenöl
1 Ei (Größe M)
70 g Rosinen

FÜR DEN BELAG:

150 g Schmand (Sauerrahm)
20 g Apfelchips (erhältlich in Bioläden oder gut sortierten Supermärkten)
1 EL Puderzucker

AUSSERDEM:

evtl. 12 Muffin-Papierbackförmchen

---

1. Eine Muffinform für 12 Muffins mit den Papierbackförmchen auslegen oder fetten und mehlen.

2. Den Backofen vorheizen.
Ober-/Unterhitze: etwa 180 °C
Heißluft: etwa 160 °C

3. Für den Teig Mehl mit Weichweizengrieß, Backpulver, Salz, Zucker und Vanillin-Zucker in einer Rührschüssel mit einem Schneebesen verrühren.

4. Apfelmus mit Buttermilch, Speiseöl und Ei in einem Rührbecher mit dem Schneebesen verrühren. Die flüssigen Zutaten zu der Mehl-Grieß-Mischung in die Rührschüssel geben und zu einem glatten Teig verrühren. Die Rosinen unterrühren.

5. Den Teig gleichmäßig in der Form verteilen. Die Muffinform auf dem Rost in den vorgeheizten Backofen schieben. Die Cupcakes **etwa 30 Minuten backen.**

6. Die Muffinform auf einen Kuchenrost stellen. Cupcakes nach etwa 5 Minuten aus der Form lösen. Die Cupcakes auf dem Kuchenrost erkalten lassen.

7. Für den Belag den Schmand glatt rühren und mit einem Teelöffel als breiten Klecks auf die erkalteten Cupcakes geben. Die Apfelchips nach Belieben in grobe Stücke brechen oder ganz in den Schmand drücken. Die Applesauce Cupcakes mit Puderzucker bestäuben und sofort servieren.

Tipps: Statt Schmand können Sie auch griechischen Sahnejoghurt (10 % Fett) verwenden.
Sehr lecker schmecken die Cupcakes auch, wenn Sie sie nicht mit Apfelchips garnieren, sondern mit etwas Eierlikör beträufeln.

42 HOT CHILI CAKES 12 STÜCK

PRO STÜCK: E: 7 g, F: 27 g, Kh: 37 g, kJ: 1776, kcal: 425, BE: 3,0
ZUBEREITUNGSZEIT: 50 Minuten, ohne Kühlzeit
BACKZEIT: 20–25 Minuten

SCHARFE PRACHTSTÜCKE

ZUM VORBEREITEN:

120 g Zartbitter-Schokolade (etwa 50 % Kakaoanteil)
300 g Schlagsahne (mind. 30 % Fett)

FÜR DEN TEIG:

80 g Erdnuss-Cashew-Mix Chili-Style (von Seeberger)
100 g Zartbitter-Schokolade (etwa 50 % Kakaoanteil)
150 ml Milch (1,5 % Fett)
160 g Zucker
100 g Butter oder Margarine (zimmerwarm)
2 Eier (Größe M)
160 g Mehl
1 gestr. TL Dr. Oetker Backin
1 EL gesiebtes Kakaopulver

FÜR DAS TOPPING:

80 g Zartbitter-Schokolade (etwa 50 % Kakaoanteil)
evtl. einige Chiliflocken

AUSSERDEM:

12 Muffin-Papierbackförmchen

---

1. Zum Vorbereiten die Schokolade in kleine Stücke brechen. Die Sahne in einem Topf zum Kochen bringen. Den Topf von der Kochstelle nehmen. Die Schokoladenstücke zu der Sahne in den Topf geben und darin unter Rühren schmelzen lassen. Die Schokoladensahne etwas abkühlen lassen, anschließend zugedeckt 3–4 Stunden in den Kühlschrank stellen.

2. Die Mulden einer Muffinform für 12 Muffins mit den Papierbackförmchen auslegen.

3. Den Backofen vorheizen.
Ober-/Unterhitze: etwa 180 °C
Heißluft: etwa 160 °C

4. Für den Teig den Erdnuss-Cashew-Mix fein hacken. Von der Mischung etwa 2 Esslöffel zum Garnieren beiseitestellen.

5. Die Schokolade in kleine Stücke brechen. Die Milch mit den Schokoladenstückchen und der Hälfte von dem Zucker in einen Topf geben. Die Zutaten unter Rühren zum Kochen bringen. Den Topf von der Kochstelle nehmen.

6. Die Butter oder Margarine mit dem restlichen Zucker in eine Rührschüssel geben. Die Zutaten mit einem Mixer (Rührstäbe) zunächst kurz auf niedrigster, dann auf höchster Stufe etwa 4 Minuten schaumig schlagen. Die Eier nach und unterrühren (jedes Ei etwa ½ Minute).

7. Das Mehl mit dem Backpulver und Kakao mischen. Die Mehl-Kakao-Mischung auf die Eier-Fett-Masse geben. Den fein gehackten Erdnuss-Cashew-Mix (60 g) ebenfalls unterheben. Zuletzt die heiße Schokoladenmilch dazugießen und sorgfältig unterrühren.

8. Den Teig gleichmäßig in der Form verteilen. Die Muffinform auf dem Rost in den vorgeheizten Backofen schieben. Die Cupcakes **20–25 Minuten backen.**

9. Die Muffinform auf einen Kuchenrost stellen. Cupcakes nach etwa 5 Minuten aus der Form lösen und auf dem Kuchenrost erkalten lassen.

10. Für das Topping die Schokolade in Stücke brechen. Zwei Drittel davon in einem Topf im Wasserbad bei schwacher Hitze unter Rühren schmelzen. Den Topf aus dem Wasserbad nehmen und die restliche Schokolade darin unter Rühren schmelzen. Den beiseitegestellten Nuss-Mix unterrühren. Mit einem Teelöffel 12 runde Schokoladenkleckse auf ein mit Backpapier ausgelegtes Blech geben und kurz in den Kühlschrank stellen.

11. Die Schokoladensahne mit dem Mixer (Rührstäbe) aufschlagen und in einen Spritzbeutel mit Sterntülle (Ø etwa 1 ½ cm) füllen.

12. Die Schokoladensahne in großen Tupfen dekorativ auf die Cupcakes spritzen. Die Hot Chili Cakes mit den Schokoladentalern garnieren und nach Belieben mit Chiliflocken bestreuen.

44 THAI CAKES 12 STÜCK

PRO STÜCK: E: 6 g, F: 23 g, Kh: 27 g, kJ: 1440, kcal: 345, BE: 2,5
ZUBEREITUNGSZEIT: 40 Minuten, ohne Abkühlzeit
BACKZEIT: 25–30 Minuten

EIN HAUCH ASIEN

ZUM VORBEREITEN:

80 g Erdnuss-Cashew-Mix Thai-Style (von Seeberger)

FÜR DEN TEIG:

3 Eiweiß (Größe M)
1 Prise Salz
140 g Zucker
3 Eigelb (Größe M)
160 g Butter oder Margarine (zimmerwarm)
6 EL Milch
160 g Weizenmehl
1 gestr. TL Dr. Oetker Backin

FÜR DAS TOPPING:

100 g Mascarpone (ital. Frischkäse, zimmerwarm)
120 g Crème fraîche
1 EL Puderzucker
30 g weiße Schokolade
12 Physalis (Kapstachelbeeren)

AUSSERDEM:

12 Muffin-Papierbackförmchen

---

1. Zum Vorbereiten den Erdnuss-Cashew-Mix in grobe Stücke hacken.

2. Die Mulden einer Muffinform für 12 Muffins mit den Papierbackförmchen auslegen.

3. Den Backofen vorheizen.
Ober-/Unterhitze: etwa 180 °C
Heißluft: etwa 160 °C

4. Für den Teig Eiweiß mit Salz mit einem Mixer (Rührstäbe) auf höchster Stufe steif schlagen. Den Eischnee 3 Minuten weiterschlagen, dabei nach und nach 100 g von dem Zucker unterschlagen.

5. In einer anderen Rührschüssel Eigelb mit Butter oder Margarine und restlichem Zucker mit dem Mixer (Rührstäbe) zunächst kurz auf niedrigster, dann auf höchster Stufe etwa 4 Minuten schaumig schlagen. Zuletzt die Milch kurz unterrühren.

6. Das Mehl mit dem Erdnuss-Cashew-Mix und dem Backpulver gut vermischen. Die Mehl-Nuss-Mischung in 2 Portionen abwechselnd mit dem Eischnee unter die Eigelb-Fett-Masse rühren.

7. Den Teig gleichmäßig in der Form verteilen. Die Muffinform auf dem Rost in den vorgeheizten Backofen schieben. Die Cupcakes **25–30 Minuten backen.**

8. Die Muffinform auf einen Kuchenrost stellen. Cupcakes nach etwa 5 Minuten aus der Form lösen. Die Cupcakes auf dem Kuchenrost erkalten lassen.

9. Für das Topping Mascarpone mit Crème fraîche und Puderzucker mit dem Mixer (Rührstäbe) kurz auf mittlerer Stufe steif schlagen. Die Schokolade fein raspeln und die Hälfte davon unter die Mascarponecreme heben.

10. Die Mascarponecreme auf den Cupcakes verteilen und mit einem Messer dekorativ verstreichen. Die Cupcakes mit den restlichen Schokoladenraspeln bestreuen und mit je einer abgespülten, trocken getupften Physalis garnieren.

11. Die Thai Cakes zugedeckt, sodass das Topping nicht zerdrückt wird, etwa 30 Minuten in den Kühlschrank stellen.

46 MINT CAKES 12 STÜCK

PRO STÜCK: E: 5 g, F: 31 g, Kh: 38 g, kJ: 1903, kcal: 457, BE: 3,0
ZUBEREITUNGSZEIT: 35 Minuten, ohne Abkühlzeit
BACKZEIT: etwa 30 Minuten

IT'S TEATIME

FÜR DEN TEIG:
3 Eiweiß (Größe M)
1 Prise Salz
160 g Zucker
3 Eigelb (Größe M)
180 g Butter oder Margarine (zimmerwarm)
180 g Weizenmehl
20 g gesiebtes Kakaopulver
1 Msp. Natron
½ gestr. TL Dr. Oetker Backin
125 ml Milch
50 g Zartbitter-Raspelschokolade

FÜR DAS TOPPING:
80 g Puderzucker
2 Pck. Sahnesteif
375 g Crème double
100 g Joghurt (3,5 % Fett)
etwas grüne Speisefarbe
einige Tropfen Minzöl

ZUM GARNIEREN:
12 Schokoladensticks mit Pfefferminzcremefüllung

12 Muffin-Papierbackförmchen

---

1. Eine Muffinform für 12 Muffins mit den Papierbackförmchen auslegen.

2. Den Backofen vorheizen.
Ober-/Unterhitze: etwa 160 °C
Heißluft: etwa 140 °C

3. Für den Teig Eiweiß mit Salz mit einem Mixer (Rührstäbe) auf höchster Stufe steif schlagen. Eischnee 3 Minuten weiterschlagen, dabei nach und nach den Zucker einrieseln lassen.

4. In einer anderen Schüssel Eigelb mit Butter oder Margarine schaumig rühren. Mehl mit Kakao, Natron und Backpulver mischen. Das Mehlgemisch mit der Milch unter die Buttermasse rühren. Zuletzt Eischnee und Raspelschokolade in 2 Portionen kurz auf niedrigster Stufe unterrühren.

5. Den Teig gleichmäßig in der Form verteilen. Die Muffinform auf dem Rost in den vorgeheizten Backofen schieben. Die Cupcakes **etwa 30 Minuten backen.**

6. Die Muffinform auf einen Kuchenrost stellen. Cupcakes nach 5 Minuten aus der Form lösen und auf dem Kuchenrost erkalten lassen.

7. Für das Topping Puderzucker mit Sahnesteif mischen. Crème double kurz aufschlagen. Das Puderzuckergemisch einrieseln lassen, dabei die Creme weiterschlagen. Anschließend den Joghurt unterrühren. Die Creme nach Belieben mit der Speisefarbe leicht grün einfärben und mit etwas Minzöl abschmecken.

8. Die Minzcreme in einen Spritzbeutel mit Sterntülle (Ø 12–15 mm) füllen und je einen großen Tupfen auf die Cupcakes spritzen. Die Schokoladensticks 1–2-mal durchbrechen. Die Cupcakes damit garnieren.

48 MOZART-CUPCAKES 12 STÜCK

PRO STÜCK: E: 10 g, F: 31 g, Kh: 40 g, kJ: 1990, kcal: 475, BE: 3,5
ZUBEREITUNGSZEIT: 40 Minuten, ohne Abkühlzeit
BACKZEIT: 25–30 Minuten

PERFEKT KOMPONIERT

ZUM VORBEREITEN:

100 g Nuss-Nougat

FÜR DEN TEIG:

3 Eiweiß (Größe M)
1 Prise Salz
100 g Zucker
50 g Marzipan-Rohmasse
150 g Butter oder Margarine (zimmerwarm)
3 Eigelb (Größe M)
120 g Weizenmehl
50 g geraspelte weiße Schokolade
50 g gem. Pistazien
1 gestr. TL Dr. Oetker Backin

FÜR DAS TOPPING:

150 ml kalte Milch (1,5 % Fett)
100 g Schlagsahne (mind. 30 % Fett)
1 Pck. Mousse au Chocolat (Dessertpulver)
200 g Marzipan-Rohmasse
etwas grüne Speisefarbe
30 g gem. Pistazien
1 EL Puderzucker
2 EL Knusperperlen

AUSSERDEM:

12 Muffin-Papierbackförmchen

1. Zum Vorbereiten die Mulden einer Muffinform für 12 Muffins mit den Papierbackförmchen auslegen. Nuss-Nougat in 12 gleich große Stücke schneiden.

2. Den Backofen vorheizen.
Ober-/Unterhitze: etwa 180 °C
Heißluft: etwa 160 °C

3. Für den Teig Eiweiß mit Salz mit einem Mixer (Rührstäbe) auf höchster Stufe steif schlagen. 3 Minuten weiterschlagen, dabei nach und nach den Zucker unterschlagen.

4. Marzipan in dünne Scheiben schneiden. Marzipanscheiben mit Butter oder Margarine und Eigelb mit dem Mixer (Rührstäbe) zunächst kurz auf niedrigster, dann auf höchster Stufe etwa 4 Minuten schaumig schlagen.

5. Das Mehl mit den Schokoladenraspeln, den Pistazien und dem Backpulver gut vermischen. Die Mehlmischung in 2 Portionen abwechselnd mit dem Eischnee unter die Eigelb-Fett-Masse rühren.

6. Den Teig gleichmäßig in der Form verteilen. In jede Teigportion vorsichtig 1 Nuss-Nougat-Stück drücken. Die Muffinform auf dem Rost in den vorgeheizten Backofen schieben. Die Cupcakes **25–30 Minuten backen.**

7. Die Muffinform auf einen Kuchenrost stellen. Cupcakes nach etwa 5 Minuten aus der Form lösen und auf dem Kuchenrost erkalten lassen.

8. Für das Topping aus Milch, Sahne und Dessertpulver nach Packungsanleitung, aber mit den hier angegebenen Zutaten und Mengen, eine Mousse zubereiten. Die Mousse kurz zugedeckt in den Kühlschrank stellen.

9. Marzipan mit grüner Speisefarbe und Pistazien verkneten. Das grüne Marzipan mit etwas Puderzucker 2–3 mm dick zu einer Platte ausrollen. Aus der Marzipanplatte mit einer Ausstechform 12 Kreise mit Wellenrand (Ø etwa 6 ½ cm) ausstechen. Aus dem restlichen Marzipan 12 kleine, gleich große Kugeln formen.

10. Jeden Cupcake etwa 8 mm dick mit etwas Mousse au Chocolat bestreichen und mit je einem Marzipankreis belegen. Restliche Mousse au Chocolat in einen Spritzbeutel mit Sterntülle füllen und Tupfen auf die Marzipankreise spritzen. Auf jeden Tupfen eine Marzipankugel setzen und mit Knusperperlen bestreuen. Die Mozart-Cupcakes zugedeckt, sodass das Topping nicht zerdrückt wird, etwa 1 Stunde in den Kühlschrank stellen.

50 DARK ROSES 12 STÜCK

PRO STÜCK: E: 7 g, F: 40 g, Kh: 44 g, kJ: 2364, kcal: 565, BE: 3,5
ZUBEREITUNGSZEIT: 35 Minuten, ohne Kühlzeit
BACKZEIT: etwa 30 Minuten

SO RICHTIG SCHICK

FÜR DAS TOPPING:

400 g Schlagsahne (mind. 30 % Fett)
150 g Zartbitter-Schokolade (etwa 50 % Kakaoanteil)
100 g Nuss-Nougat

FÜR DEN TEIG:

2 Eiweiß (Größe M)
1 Prise Salz
180 g Zucker
2 Eigelb (Größe M)
1 Ei (Größe M)
1 Pck. Dr. Oetker Vanillin-Zucker
180 g Butter oder Margarine (zimmerwarm)
150 g gem. Haselnusskerne
100 g Weizenmehl
20 g gesiebtes Kakaopulver
1 ½ gestr. TL Dr. Oetker Backin
75 g saure Sahne

ZUM GARNIEREN:

2 Pck. feine Kakao-Rosen mit Blättern

---

1. Für das Topping die Sahne in einem Topf zum Kochen bringen. Inzwischen die Schokolade in kleine Stücke brechen. Nougat in kleine Stücke schneiden. Den Topf von der Kochstelle nehmen. Schokoladen- und Nougatstücke in die Sahne geben und darin schmelzen lassen. Die Schoko-Nougat-Masse glatt rühren, abkühlen lassen und mindestens 6 Stunden, am besten über Nacht, zugedeckt in den Kühlschrank stellen.

2. Die Mulden einer Muffinform für 12 Muffins mit den Papierbackförmchen auslegen.

3. Den Backofen vorheizen.
Ober-/Unterhitze: etwa 180 °C
Heißluft: etwa 160 °C

4. Für den Teig das Eiweiß mit dem Salz mit einem Mixer (Rührstäbe) auf höchster Stufe steif schlagen. Eischnee 3 Minuten weiterschlagen, dabei nach und nach die Hälfte von dem Zucker einrieseln lassen.

5. In einer anderen Schüssel Eigelb, Ei, restlichen Zucker, Vanillin-Zucker und Butter oder Margarine schaumig rühren. Die Nusskerne unterrühren. Mehl mit Kakao und Backpulver mischen. Das Mehlgemisch abwechselnd mit der sauren Sahne mit dem Mixer (Rührstäbe) auf niedrigster Stufe kurz unterrühren. Den Eischnee ebenfalls in 2 Portionen kurz unterrühren.

6. Den Teig gleichmäßig in der Form verteilen. Die Muffinform auf dem Rost in den vorgeheizten Backofen schieben. Die Cupcakes **etwa 30 Minuten backen.**

7. Die Muffinform auf einen Kuchenrost stellen. Cupcakes nach 5 Minuten aus der Form lösen und auf dem Kuchenrost erkalten lassen.

8. Die Nougat-Schoko-Sahne in 2 Portionen mit dem Mixer (Rührstäbe) kurz aufschlagen und in einen Spritzbeutel mit Lochtülle (Ø 12–15 mm) füllen. Die Nougat-Schoko-Sahne in kleinen Tupfen auf die Cupcakes spritzen.

9. Zum Garnieren jeden Cupcake mit einer Rose und zwei Blättern belegen. Die Cupcakes bis zum Servieren zugedeckt, sodass das Topping nicht zerdrückt wird, in den Kühlschrank stellen.

52 CARAMEL-FLEUR-DE-SEL-CAKES 12 STÜCK

PRO STÜCK: E: 4 g, F: 28 g, Kh: 30 g, kJ: 1615, kcal: 386, BE: 2,5
ZUBEREITUNGSZEIT: 40 Minuten, ohne Kühlzeit
BACKZEIT: 25–30 Minuten

UNWIDERSTEHLICH

ZUM VORBEREITEN:

100 g Zucker
80 g Schlagsahne

FÜR DEN TEIG:

100 g Milchschokoladenpralinen mit Toffeefüllung
150 g Butter oder Margarine (zimmerwarm)
120 g Zucker
1 Prise Fleur de Sel
3 Eier (Größe M)
50 g saure Sahne
100 g Weizenmehl
20 g gesiebtes Kakaopulver
1 gestr. TL Dr. Oetker Backin

FÜR DAS TOPPING:

150 g Butter (zimmerwarm)
1 TL Fleur de Sel

AUSSERDEM:

12 Muffin-Papierbackförmchen

---

1. Zum Vorbereiten den Zucker nach und nach in einen kleinen Edelstahltopf geben und bei mittlerer Hitze unter Rühren goldbraun karamellisieren lassen.

2. Anschließend die Sahne vorsichtig hinzugeben (Achtung: Es spritzt!). Die Zutaten zum Kochen bringen und so lange kochen lassen, bis sich der Zucker gelöst hat. Sahnekaramell beiseitestellen und erkalten lassen.

3. Die Mulden einer Muffinform für 12 Muffins mit den Papierbackförmchen auslegen.

4. Den Backofen vorheizen.
Ober-/Unterhitze: etwa 180 °C
Heißluft: etwa 160 °C

5. Für den Teig 12 von den Pralinen beiseitelegen. Die restlichen Pralinen fein hacken und mit Butter oder Margarine, Zucker und Fleur de Sel in eine Rührschüssel geben. Die Zutaten mit einem Mixer (Rührstäbe) zunächst kurz auf niedrigster, dann auf höchster Stufe etwa 4 Minuten schaumig schlagen. Die Eier nach und nach unterrühren (jedes Ei etwa ½ Minute). Dann die saure Sahne hinzugeben und kurz unterrühren.

6. Mehl mit Kakao und Backpulver mischen. Das Mehlgemisch auf die Eier-Fett-Masse geben und unterheben.

7. Den Teig gleichmäßig in der Form verteilen. In jede Teigportion vorsichtig 1 Praline drücken. Die Form auf dem Rost in den vorgeheizten Backofen schieben. Die Cupcakes **25–30 Minuten backen.**

8. Die Muffinform auf einen Kuchenrost stellen. Cupcakes nach etwa 5 Minuten aus der Form lösen und auf dem Kuchenrost erkalten lassen.

9. Für das Topping die Butter in einer kleinen Schüssel mit dem Mixer (Rührstäbe) schaumig aufschlagen. 2–3 Esslöffel von dem Butterkaramell abnehmen und beiseitestellen. Den restlichen Karamell esslöffelweise unterrühren. Die Butterkaramellcreme mit einem Messer auf den Cupcakes verstreichen. Die Cupcakes zugedeckt, sodass die Creme nicht zerdrückt wird, etwa 1 Stunde in den Kühlschrank stellen.

10. Die Caramel-Fleur-de-Sel-Cakes vor dem Servieren mit dem beiseitegestellten Karamell beträufeln und mit Fleur de Sel bestreuen.

54 CARAMEL NUT CAKES 24 STÜCK

PRO STÜCK: E: 3 g, F: 15 g, Kh: 16 g, kJ: 878, kcal: 210, BE: 1,5
ZUBEREITUNGSZEIT: 40 Minuten, ohne Abkühlzeit
BACKZEIT: etwa 25 Minuten

... IM MINIFORMAT

FÜR DEN TEIG:

150 g Butter oder Margarine (zimmerwarm)
60 g Zucker
60 g Zuckerrübensirup (Rübenkraut)
1 Prise Salz
3 Eier (Größe M)
100 g Weizenmehl
80 g gem. Walnüsse
½ **gestr. TL** gem. Piment (Nelkenpfeffer)
1 gestr. TL Dr. Oetker Backin

FÜR DAS TOPPING:

70 g Walnüsse
70 g Paranüsse
180 g Zucker
40 g Butter
40 g Schlagsahne
40 g gehackte Pistazien

AUSSERDEM:

24 kleine Muffin-Papierbackförmchen

---

1. Die Mulden einer Muffinform für 24 kleine Muffins mit den Papierbackförmchen auslegen.

2. Den Backofen vorheizen.
Ober-/Unterhitze: etwa 180 °C
Heißluft: etwa 160 °C

3. Für den Teig Butter oder Margarine mit Zucker, Zuckerrübensirup und Salz in eine Rührschüssel geben. Die Zutaten mit einem Mixer (Rührstäbe) zunächst kurz auf niedrigster, dann auf höchster Stufe etwa 4 Minuten schaumig schlagen. Eier nach und nach unterrühren (jedes Ei etwa ½ Minute).

4. Mehl mit gemahlenen Walnüssen, Piment und Backpulver gut vermischen. Die Mehlmischung unter die Eier-Fett-Masse rühren.

5. Den Teig gleichmäßig in der Form verteilen. Die Muffinform auf dem Rost in den vorgeheizten Backofen schieben. Die Cupcakes **etwa 25 Minuten backen.**

6. Die Muffinform auf einen Kuchenrost stellen. Cupcakes nach etwa 5 Minuten aus der Form lösen und auf dem Kuchenrost erkalten lassen.

7. Für das Topping die Walnüsse und die Paranüsse grob hacken. Den Zucker nach und nach in einen Edelstahltopf geben und darin bei mittlerer Hitze unter Rühren goldbraun karamellisieren lassen. Dann die Butter hinzuzugeben und gut unterrühren. Anschließend die Sahne ebenfalls hinzugeben und gut unterrühren. Zuletzt die Walnüsse, Paranüsse und Pistazien in den Karamell rühren. Karamell von der Kochstelle nehmen.

8. Die Karamellnüsse noch heiß mit 2 Teelöffeln auf den kleinen Cupcakes verteilen (Achtung: Die Karamellnüsse sind sehr heiß!).

Tipp: Den Teig lässt sich leichter in den kleinen Förmchen verteilen, wenn Sie ihn dafür in einen größeren Gefrierbeutel füllen, eine Ecke davon abschneiden und den Teig in die Muffinförmchen spritzen.

56 PEANUT CRISP 12 STÜCK

PRO STÜCK: 11 g, F: 39 g, Kh: 42 g, kJ: 2323, kcal: 556, BE: 3,5
ZUBEREITUNGSZEIT: 35 Minuten, ohne Abkühlzeit
BACKZEIT: etwa 30 Minuten

CRUNCHY & CREAMY

FÜR DEN TEIG:

50 g geröstete, gesalzene Erdnusskerne
3 Eier (Größe M)
1 Prise Salz
150 g brauner Zucker
2 Pck. Dr. Oetker Vanillin-Zucker
30 g Peanut Butter, creamy (Erdnusscreme)
150 g Butter oder Margarine (zimmerwarm)
90 g Weizenmehl
40 g Speisestärke
1 Msp. Dr. Oetker Backin
1 Msp. Natron
2 EL Buttermilch

FÜR DEN KROKANT:

70 g geröstete, gesalzene Erdnusskerne
100 g Zucker
etwas Speiseöl

FÜR DAS TOPPING:

180 g Peanut Butter, creamy (Erdnusscreme)
50 g Butter
300 g Doppelrahm-Frischkäse
80 g Puderzucker
1 Pck. Dr. Oetker Vanillin-Zucker
1 Prise Salz

12 Muffin-Papierbackförmchen

---

1. Die Mulden einer Muffinform für 12 Muffins mit den Papierbackförmchen auslegen.

2. Den Backofen vorheizen.
Ober-/Unterhitze: etwa 180 °C
Heißluft: etwa 160 °C

3. Für den Teig die Erdnusskerne fein hacken. Die Eier mit dem Salz mit einem Mixer (Rührstäbe) auf höchster Stufe kurz aufschlagen. Die Eiermasse 3 Minuten weiterschlagen, dabei nach und nach den braunen Zucker und den Vanillin-Zucker einrieseln lassen.

4. In einer anderen Schüssel Peanut Butter mit Butter oder Margarine schaumig rühren. Die gehackten Erdnusskerne unterrühren. Mehl mit Speisestärke, Backpulver und Natron mischen. Das Mehlgemisch und die Buttermilch abwechselnd kurz unter die Buttermasse rühren. Die Eiercreme in 2 Portionen kurz auf niedrigster Stufe unterrühren. Den Teig gleichmäßig in der Form verteilen. Die Muffinform auf dem Rost in den vorgeheizten Backofen schieben. Die Cupcakes **etwa 30 Minuten backen.**

5. Die Muffinform auf einen Kuchenrost stellen. Cupcakes nach 5 Minuten aus der Form lösen und auf dem Kuchenrost erkalten lassen.

6. Für den Krokant die Erdnusskerne hacken. Einen Bogen Backpapier auf ein großes Holzbrett oder ein Backblech legen. Zucker in einem breiten Edelstahltopf bei mittlerer Hitze goldbraun karamellisieren lassen. Die Erdnusskerne dazugeben, untermengen und kurz erhitzen. Den Topf von der Kochstelle nehmen.

7. Die heiße Karamellmasse sofort auf das Backpapier geben. Einen zweiten Bogen Backpapier darauflegen. Die Masse mit einer Teigrolle möglichst flach ausrollen (Achtung – die Masse ist sehr heiß!). Sobald sich das obere Backpapier lösen lässt, das Papier abziehen. Die Klinge eines großen, stabilen Messers leicht mit Öl bestreichen und den heißen Krokant in etwa 1 cm lange Streifen schneiden. Den Krokant erkalten lassen.

8. Für das Topping die Zutaten in eine Rührschüssel geben und mit dem Mixer (Rührstäbe) kurz zu einer glatten Creme aufschlagen. Die Creme mit einem Löffel auf den Cakes verteilen. Die Krokantstreifen in 5–6 cm lange Streifen brechen und die Cupcakes damit garnieren.

58 ESPRESSO-MARZIPAN-CAKES 12 STÜCK

PRO STÜCK: E: 6 g, F: 28 g, Kh: 33 g, kJ: 1724, kcal: 412, BE: 2,5
ZUBEREITUNGSZEIT: 35 Minuten, ohne Abkühlzeit
BACKZEIT: etwa 30 Minuten

VEREDELN JEDES KAFFEEKRÄNZCHEN

FÜR DEN TEIG:

100 g Marzipan-Rohmasse
2 Eiweiß (Größe M)
1 Prise Salz
120 g Zucker
2 Eigelb (Größe M)
120 g Butter oder Margarine (zimmerwarm)
1 Ei (Größe M)
2 TL Instant-Espressopulver
75 g saure Sahne
130 g Weizenmehl
1 gestr. TL Dr. Oetker Backin
1 Msp. Natron

FÜR DAS TOPPING:

3–4 TL Instant-Espressopulver
2 EL lauwarmes Wasser
400 g Mascarpone (ital. Frischkäse)
100 ml kalte Milch (3,5 % Fett)
100 g Puderzucker
1 Pck. Sahnesteif
12 schokolierte Kaffeebohnen oder feine Moccabohnen aus Schokolade

12 Muffin-Papierbackförmchen

---

1. Die Mulden einer Muffinform für 12 Muffins mit den Papierbackförmchen auslegen.

2. Den Backofen vorheizen.
Ober-/Unterhitze: etwa 180 °C
Heißluft: etwa 160 °C

3. Für den Teig Marzipan in hauchdünne Scheiben schneiden. Das Eiweiß mit dem Salz mit einem Mixer (Rührstäbe) auf höchster Stufe steif schlagen. Eischnee 3 Minuten weiterschlagen, dabei nach und nach die Hälfte von dem Zucker einrieseln lassen.

4. In einer anderen Schüssel Marzipanscheiben, restlichen Zucker, Eigelb und Butter oder Margarine schaumig rühren. Nacheinander Ei, Espressopulver und saure Sahne unterrühren. Mehl mit Backpulver und Natron mischen. Das Mehlgemisch in 2 Portionen auf niedrigster Stufe kurz unterrühren. Eischnee ebenfalls in 2 Portionen kurz unterrühren. Den Teig gleichmäßig in der Form verteilen. Die Muffinform auf dem Rost in den vorgeheizten Backofen schieben. Die Cupcakes **etwa 30 Minuten backen.**

5. Die Muffinform auf einen Kuchenrost stellen. Cupcakes nach 5 Minuten aus der Form lösen und auf dem Kuchenrost erkalten lassen.

6. Für das Topping Espressopulver im Wasser auflösen und kalt stellen. Mascarpone mit Milch in eine Schüssel geben, mit dem Mixer (Rührstäbe) glatt rühren und kurz cremig aufschlagen. Puderzucker mit Sahnesteif mischen und unter die Mascarpone-Masse rühren. Zuletzt den erkalteten Espresso unterrühren.

7. Die Creme in einen Spritzbeutel mit Lochtülle (Ø 12–15 mm) füllen. Auf jeden Cupcake einen dicken Tupfen Creme spritzen und mit einer schokolierten Kaffee- oder einer Moccabohne garnieren. Die Cupcakes etwa 15 Minuten in den Kühlschrank stellen.

60 NUSS-NOUGAT-CAKES 12 STÜCK

MIT ROTWEINBIRNEN

PRO STÜCK: E: 5 g, F: 25 g, Kh: 30 g, kJ: 1530, kcal: 366, BE: 2,5
ZUBEREITUNGSZEIT: 60 Minuten, ohne Kühlzeit
BACKZEIT: etwa 1 Stunde für die Birnenchips, 25–30 Minuten für die Cupcakes

ZUM VORBEREITEN:
3–4 Birnen (etwa 500 g)
3 EL Zitronensaft
100 ml Rotwein

FÜR DEN TEIG:
150 g Butter oder Margarine (zimmerwarm)
1 Prise Salz
140 g Zucker
3 Eier (Größe M)
100 g Weizenmehl
100 g gem. Haselnüsse
½ gestr. TL gem. Zimt
1 ½ gestr. TL Dr. Oetker Backin

FÜR DAS TOPPING:
150 g Nuss-Nougat-Creme
150 g Doppelrahm-Frischkäse (zimmerwarm)

AUSSERDEM:
12 Muffin-Papierbackförmchen

1. Den Backofen vorheizen.
Ober-/Unterhitze: etwa 80 °C
Heißluft: etwa 70 °C

2. Zum Vorbereiten die Birnen heiß abwaschen und abtrocknen. 1 Birne mit dem Küchenhobel quer, begonnen beim Stil, in 24 dünne Scheiben hobeln. Die Scheiben mit Zitronensaft bepinseln, auf ein Backblech (mit Backpapier belegt) legen und im Backofen etwa 1 Stunde trocknen lassen. In der Zwischenzeit die restlichen Birnen schälen, halbieren und das Kerngehäuse entfernen. Die Birnen in etwa 1 cm große Würfel schneiden. Die Birnenwürfel mit dem Rotwein in einen Topf geben und zum Kochen bringen. Die Rotweinbirnen bei schwacher Hitze 4–5 Minuten köcheln lassen. Den Topf von der Kochstelle nehmen. Die Rotweinbirnen in ein Sieb abgießen, den Rotwein-Birnen-Saft dabei auffangen. Rotweinbirnen erkalten lassen.

3. Die Mulden einer Muffinform für 12 Muffins mit den Papierbackförmchen auslegen.

4. Den Backofen vorheizen.
Ober-/Unterhitze: etwa 180 °C
Heißluft: etwa 160 °C

5. Für den Teig Butter mit Salz und Zucker in einer Rührschüssel mit einem Mixer (Rührstäbe) zunächst kurz auf niedrigster, dann auf höchster Stufe etwa 4 Minuten schaumig schlagen. Eier nach und nach unterrühren (jedes Ei etwa ½ Minute).

6. Mehl mit Haselnüssen, Zimt und Backpulver gut vermischen. Die Mehlmischung unter die Eier-Fett-Masse rühren. Birnen und die Hälfte des aufgefangenen Rotwein-Birnen-Saftes unter den Teig heben.

7. Den Teig gleichmäßig in der Form verteilen. Die Muffinform auf dem Rost in den vorgeheizten Backofen schieben. Die Cupcakes **25–30 Minuten backen.**

8. Die Muffinform auf einen Kuchenrost stellen. Cupcakes nach etwa 5 Minuten aus der Form lösen und auf dem Kuchenrost erkalten lassen.

9. Für das Topping von der Nuss-Nougat-Creme 2 Esslöffel in einem kleinen Topf leicht erwärmen und in einen kleinen Gefrierbeutel füllen.

10. Restliche Nuss-Nougat-Creme mit Frischkäse verrühren, in einen Spritzbeutel mit Lochtülle (Ø 8 mm) füllen und dekorativ auf die Cupcakes spritzen. Von dem Gefrierbeutel eine sehr kleine Ecke abschneiden. Die Cupcakes mit der Creme garnieren und zugedeckt, sodass das Topping nicht zerdrückt wird, etwa 1 Stunde in den Kühlschrank stellen. Vor dem Servieren mit Birnenchips garnieren.

62 GINGERBREAD CUPCAKES 12 STÜCK

PRO STÜCK: E: 5 g, F: 25 g, Kh: 23 g, kJ: 1428, kcal: 341, BE: 2,0
ZUBEREITUNGSZEIT: 40 Minuten, ohne Kühlzeit
BACKZEIT: 25–30 Minuten

ADVENT, ADVENT

1 Bio-Orange (unbehandelt, ungewachst)

FÜR DEN TEIG:

150 g Butter oder Margarine (zimmerwarm)
120 g Zucker
2 EL Orangenmarmelade mit Stückchen
3 Eier (Größe M)
100 g nicht abgezogene, gem. Mandeln
80 g Weizenmehl
1 gestr. TL Dr. Oetker Backin
1 gestr. TL Lebkuchengewürz

FÜR DAS TOPPING:

250 g Mascarpone (ital. Frischkäse – zimmerwarm)
50 g Crème légère (zimmerwarm)
80 g Orangenmarmelade mit Stückchen
12 Russisch-Brot-Buchstaben zum Garnieren

12 Muffins-Papierbackförmchen

---

1. Zum Vorbereiten die Orange heiß abwaschen, abtrocknen und die Schale fein abreiben. Anschließend die Schale so abschneiden, dass die weiße Haut mitentfernt wird. Die Orange filetieren. Die Orangenfilets zugedeckt beiseitestellen.

2. Die Mulden einer Muffinform für 12 Muffins mit den Papierbackförmchen auslegen.

3. Den Backofen vorheizen.
Ober-/Unterhitze: etwa 180 °C
Heißluft: etwa 160 °C

4. Für den Teig Butter oder Margarine mit Zucker, Orangenschale und Orangenmarmelade in eine Rührschüssel geben. Die Zutaten mit einem Mixer (Rührstäbe) zunächst kurz auf niedrigster, dann auf höchster Stufe etwa 4 Minuten schaumig schlagen. Die Eier nach und nach unterrühren (jedes Ei etwa ½ Minute).

5. Die Mandeln mit dem Mehl, dem Backpulver und dem Lebkuchengewürz gut mischen. Die Mischung unter die Eier-Fett-Masse heben.

6. Den Teig gleichmäßig in der Form verteilen. Die Muffinform auf dem Rost in den vorgeheizten Backofen schieben. Die Cupcakes **25–30 Minuten backen.**

7. Die Muffinform auf einen Kuchenrost stellen. Cupcakes nach etwa 5 Minuten aus der Form lösen und auf dem Kuchenrost erkalten lassen.

8. Für das Topping Mascarpone mit Crème légère und Orangenmarmelade kurz mit einem Schneebesen verrühren. Die Orangencreme mit einem Esslöffel auf den Cupcakes verteilen. Die Cupcakes zugedeckt, sodass die Creme nicht zerdrückt wird, etwa 1 Stunde in den Kühlschrank stellen.

9. Die Gingerbread Cupcakes vor dem Servieren mit den Russisch-Brot-Buchstaben garnieren. Die Orangenfilets dazu servieren.

Tipp: Wenn es schneller gehen soll, ersetzen Sie die Orangenschale durch ½ Päckchen Finesse Orangenschalen-Aroma.

64 CHRISTMAS CUPCAKES 12 STÜCK

PRO STÜCK: E: 4 g, F: 16 g, Kh: 37 g, kJ: 1335, kcal: 320, BE: 3,0
ZUBEREITUNGSZEIT: 50 Minuten, ohne Abkühlzeit
BACKZEIT: 25–30 Minuten

MIT SCHUSS

ZUM VORBEREITEN:

100 g getrocknete Aprikosen
100 g getrocknete Pflaumen
80 g getrocknete Äpfel
50 g kandierter Ingwer
3 EL Whisky oder Rum
100 ml Wasser
50 g Rollfondant
1 EL Puderzucker
etwas Wasser
etwas Zucker

FÜR DEN TEIG:

120 g Butter oder Margarine (zimmerwarm)
1 Prise Salz
80 g Zucker
2 Eier (Größe M)
120 g Weizenmehl
1 ½ gestr. TL Dr. Oetker Backin
80 g Kokosraspel

FÜR DAS TOPPING:

180 ml kalte Milch (1,5 % Fett)
1 Pck. Cocos-Sahne-Likör-Mousse (Dessertpulver)
2 EL Kokosraspeln

AUSSERDEM:

12 Muffin-Papierbackförmchen

1. Zum Vorbereiten Aprikosen, Pflaumen, Äpfel und Ingwer grob hacken. Die Früchte in eine Schüssel geben, mit Whisky oder Rum beträufeln und mit kochendem Wasser übergießen. Die Schüssel zugedeckt beiseitestellen.

2. Rollfondant auf etwas Puderzucker etwa 2 mm dick ausrollen, mit Ausstechformen Schneeflocken und Sterne ausstechen. Die Schneeflocken und Sterne dünn mit Wasser bepinseln und mit Zucker bestreuen. Die Rollfondant-Schneeflocken und -Sterne auf einem Bogen Backpapier trocknen lassen.

3. Die Mulden einer Muffinform für 12 Muffins mit den Papierbackförmchen auslegen.

4. Den Backofen vorheizen.
Ober-/Unterhitze: etwa 180 °C
Heißluft: etwa 160 °C

5. Für den Teig Butter mit Salz und Zucker in einer Rührschüssel mit einem Mixer (Rührstäbe) zunächst kurz auf niedrigster, dann auf höchster Stufe etwa 4 Minuten schaumig schlagen. Eier nach und nach unterrühren (jedes Ei etwa ½ Minute).

6. Mehl mit Backpulver gut vermischen. Die Mehlmischung unter die Eier-Fett-Masse rühren. Die Früchte mit der Flüssigkeit und den Kokosraspeln mischen und mit einem Teigschaber unter den Teig heben.

7. Den Teig gleichmäßig in der Form verteilen. Die Muffinform auf dem Rost in den vorgeheizten Backofen schieben. Die Cupcakes **25–30 Minuten backen.**

8. Die Muffinform auf einen Kuchenrost stellen. Cupcakes nach etwa 5 Minuten aus der Form lösen und auf dem Kuchenrost erkalten lassen.

9. Für das Topping aus Milch und Dessertpulver nach Packungsanleitung eine Mousse herstellen. Die Mousse zugedeckt kurz in den Kühlschrank stellen.

10. Die Mousse in einen Spritzbeutel mit Lochtülle (Ø etwa 1 cm) füllen und in Tupfen auf die Cupcakes spritzen. Die Cupcakes mit Kokosraspeln bestreuen und zugedeckt, sodass das Topping nicht zerdrückt wird, etwa 1 Stunde in den Kühlschrank stellen. Christmas Cupcakes vor dem Servieren mit den Schneeflocken und den Sternen garnieren.

Tipps: Wenn Sie auf Alkohol verzichten möchten, nehmen Sie einfach die gleiche Menge Wasser. Besonders festlich sehen die Cupcakes aus, wenn Sie sie vor dem Servieren in Cupcake-Manschetten hüllen.

66 FLOWERS AND BUTTERFLIES 12 STÜCK

PRO STÜCK: E: 6 g, F: 32 g, Kh: 40 g, kJ: 1983, kcal: 474, BE: 3,5
ZUBEREITUNGSZEIT: 40 Minuten, ohne Abkühlzeit
BACKZEIT: 25–30 Minuten

GANZ IN WEISS

ZUM VORBEREITEN:

100 g Rollfondant
1 EL Puderzucker

FÜR DEN TEIG:

3 Eiweiß (Größe M)
1 Prise Salz
120 g Zucker
3 Eigelb (Größe M)
150 g Butter oder Margarine (zimmerwarm)
60 g Schmand (Sauerrahm)
170 g Weizenmehl
60 g geraspelte weiße Schokolade
1 ½ gestr. TL Dr. Oetker Backin

FÜR DAS TOPPING:

200 g weiße Kuvertüre
160 g Schlagsahne (mind. 30 % Fett)
2 Blatt weiße Gelatine
200 g Schlagsahne (mind. 30 % Fett)
4 EL Kokosraspeln

AUSSERDEM:

12 Muffin-Papierbackförmchen

1. Zum Vorbereiten Rollfondant durchkneten und auf etwas Puderzucker etwa 2 mm dünn ausrollen. Mit einer Ausstechform Blüten und Schmetterlinge ausstechen. Die Blüten in leere halbrunde Plastik-Pralinenverpackungen legen und trocknen lassen.

2. Für die Schmetterlinge einen Tonkarton wie eine Ziehharmonika falten und die Schmetterlinge darin trocknen lassen (im Foto hinten).

3. Die Mulden einer Muffinform für 12 Muffins mit den Papierbackförmchen auslegen.

4. Den Backofen vorheizen.
Ober-/Unterhitze: etwa 180 °C
Heißluft: etwa 160 °C

5. Für den Teig Eiweiß mit Salz mit einem Mixer (Rührstäbe) auf höchster Stufe steif schlagen. Den Eischnee 3 Minuten weiterschlagen und dabei nach und nach 100 g von dem Zucker unterschlagen.

6. In einer anderen Rührschüssel Eigelb mit Butter oder Margarine und restlichem Zucker mit dem Mixer (Rührstäbe) zunächst kurz auf niedrigster, dann auf höchster Stufe etwa 4 Minuten schaumig schlagen. Zuletzt den Schmand unterheben.

7. Das Mehl mit den Schokoladenraspeln und dem Backpulver gut vermischen. Die Mehl-Schoko-Mischung in 2 Portionen abwechselnd mit dem Eischnee unter die Eigelb-Fett-Masse rühren.

8. Den Teig gleichmäßig in der Form verteilen. Die Muffinform auf dem Rost in den vorgeheizten Backofen schieben. **Die Cupcakes 25–30 Minuten backen.** Die Muffinform auf einen Kuchenrost stellen. Cupcakes nach etwa 5 Minuten aus der Form lösen und auf dem Kuchenrost erkalten lassen.

9. Für das Topping die Kuvertüre in grobe Stücke hacken. Die Sahne in einem Topf zum Kochen bringen. Den Topf von der Kochstelle nehmen. Die Kuvertüre in der Sahne unter Rühren schmelzen.

10. Gelatine nach Packungsanleitung einweichen. Die Gelatine leicht ausdrücken und in der warmen Schokoladensahne auflösen. Die Schokoladensahne zugedeckt beiseitestellen.

11. Die Sahne steif schlagen. Sobald die vorbereitete Schokoladensahne anfängt dicklich zu werden, die geschlagene Sahne vorsichtig unterheben und kurz in den Kühlschrank stellen.

12. Mit einem Sägemesser die Deckel der Cupcakes vorsichtig abschneiden. Die weiße Schokoladenmousse mit einem Esslöffel auf den Cupcakes verteilen und mit Kokosraspeln bestreuen. Die Cupcakes zugedeckt, sodass die Creme nicht zerdrückt wird, etwa 1 Stunde in den Kühlschrank stellen.

13. Die Cupcakes vor dem Servieren mit Blumen und Schmetterlingen garnieren.

Tipp: Die abgeschnittenen Cupcake-Deckel können Sie für einen Trifle verwenden. Dafür die Deckel zerbröseln, in ein Glas geben, nach Belieben mit Likör oder Kaffee tränken. Dann Früchte und eine Creme daraufschichten.

68 CAMPARI-ORANGE-CAKES 24 STÜCK

PRO STÜCK: E: 3 g, F: 11 g, Kh: 13 g, kJ: 689, kcal: 167, BE: 1,0
ZUBEREITUNGSZEIT: 40 Minuten, ohne Abkühlzeit
BACKZEIT: 15–20 Minuten

OHNE MEHL – MIT SCHWIPS

ZUM VORBEREITEN:

1 Bio-Orange (unbehandelt, ungewachst, etwa 180 g)

FÜR DEN TEIG:

160 g Butter oder Margarine
80 g Zucker
1 Prise Salz
50 g flüssiger Honig
3 Eier (Größe M)
120 g Polenta (Maisgrieß)
90 g gem. Mandeln

FÜR DAS TOPPING:

2 EL Campari
2 gestr. TL Speisestärke
4 Blatt weiße Gelatine
100 g Joghurt (3,5 % Fett)
200 g Schlagsahne (mind. 30 % Fett)
2 EL Zucker
24 Orangen-Geleefrüchte zum Garnieren

AUSSERDEM:

24 kleine Muffin-Papierbackförmchen

---

1. Zum Vorbereiten die Orangen heiß abwaschen und abtrocknen. Die Schale fein abreiben. Die Orange halbieren und den Saft auspressen.

2. Die Mulden einer Muffinform für 24 kleine Muffins mit den Papierbackförmchen auslegen.

3. Den Backofen vorheizen.
Ober-/Unterhitze: etwa 180 °C
Heißluft: etwa 160 °C

4. Für den Teig Butter oder Margarine mit Zucker, Salz, Honig und der Hälfte von der Orangenschale in eine Rührschüssel geben. Die Zutaten mit einem Mixer (Rührstäbe) zunächst kurz auf niedrigster, dann auf höchster Stufe etwa 4 Minuten schaumig schlagen. Die Eier nach und nach unterrühren (jedes Ei etwa ½ Minute).

5. Polenta mit Mandeln mischen und mit einem Schneebesen unter die Eier-Fett-Masse heben.

6. Den Teig gleichmäßig in der Form verteilen. Die Muffinform auf dem Rost in den vorgeheizten Backofen schieben. Die Cupcakes **15–20 Minuten backen.**

7. Die Muffinform auf einen Kuchenrost stellen. Cupcakes nach etwa 5 Minuten aus der Form lösen und auf dem Kuchenrost erkalten lassen.

8. Für das Topping 100 ml von dem Orangensaft, restliche Orangenschale, Campari und Speisestärke in einem kleinen Topf verrühren. Die Zutaten unter Rühren zum Kochen bringen. Den Topf von der Kochstelle nehmen.

9. Gelatine nach Packungsanleitung einweichen. Die Gelatine leicht ausdrücken und in der heißen Orangensaftmischung auflösen. Die Orangensaftmischung auf Zimmertemperatur abkühlen lassen.

10. Den Joghurt unter die Orangenmischung rühren. Die Sahne mit dem Zucker steif schlagen. Sobald die Orangen-Joghurt-Masse anfängt dicklich zu werden, die Sahne vorsichtig unterheben.

11. Die Orangen-Campari-Creme in einen Spritzbeutel mit Sterntülle (Ø etwa 1 ½ cm) füllen. Auf jeden Cupcake einen Tupfen Creme spritzen. Die Cupcakes etwa 1 Stunde zugedeckt, sodass die Creme nicht zerdrückt wird, in den Kühlschrank stellen.

12. Die Cupcakes vor dem Servieren mit je einer Orangen-Geleefrucht garnieren.

Tipp: Sie können den Campari durch Orangensaft ersetzen.

70 IRISH CREAM CAKES 12 STÜCK

PRO STÜCK: E: 6 g, F: 34 g, Kh: 38 g, kJ: 2058, kcal: 492, BE: 3,0
ZUBEREITUNGSZEIT: 40 Minuten, ohne Kühlzeit
BACKZEIT: etwa 30 Minuten

MIT SAHNELIKÖR

FÜR DEN TEIG:

100 g Zartbitter-Schokolade (etwa 50 % Kakaoanteil)
2 Eiweiß (Größe M)
1 Prise Salz
130 g Zucker
2 Eigelb (Größe M)
1 Ei (Größe M)
150 g Butter oder Margarine (zimmerwarm)
1 Pck. Dr. Oetker Vanillin-Zucker
100 g Crème fraîche
170 g Weizenmehl
½ **gestr. TL** Dr. Oetker Backin

FÜR DAS TOPPING:

350 g Mascarpone (ital. Frischkäse)
100 g Crème fraîche
60 g Puderzucker
1 Pck. Sahnesteif
70 ml Irish-Cream-Likör
etwas Kakaopulver
75 g Schoko-Zebra-Röllchen

AUSSERDEM:

12 Muffin-Papierbackförmchen

---

1. Für den Teig Schokolade in kleine Stücke brechen. Zwei Drittel davon in einem kleinen Topf im Wasserbad bei schwacher Hitze unter Rühren schmelzen. Den Topf aus dem Wasserbad nehmen und die restliche Schokolade darin unter Rühren schmelzen. Die Schokolade lauwarm abkühlen lassen.

2. Die Mulden einer Muffinform für 12 Muffins mit den Papierbackförmchen auslegen.

3. Den Backofen vorheizen.
Ober-/Unterhitze: etwa 180 °C
Heißluft: etwa 160 °C

4. Das Eiweiß mit dem Salz mit einem Mixer (Rührstäbe) auf höchster Stufe steif schlagen. Den Eischnee 3 Minuten weiterschlagen, dabei nach und nach die Hälfte von dem Zucker einrieseln lassen.

5. In einer anderen Schüssel Eigelb mit Ei, Butter oder Margarine, restlichem Zucker und Vanillin-Zucker schaumig rühren. Nacheinander die lauwarme Schokolade und die Crème fraîche unterrühren.

6. Mehl mit Backpulver mischen und in 2 Portionen auf niedrigster Stufe kurz unterrühren. Eischnee ebenfalls in 2 Portionen kurz unterrühren.

7. Den Teig gleichmäßig in der Form verteilen. Die Form auf dem Rost in den vorgeheizten Backofen schieben. Die Cupcakes **etwa 30 Minuten backen.**

8. Die Muffinform auf einen Kuchenrost stellen. Cupcakes nach 5 Minuten aus der Form lösen und auf dem Kuchenrost erkalten lassen.

9. Für das Topping Mascarpone mit Crème fraîche mit dem Mixer (Rührstäbe) kurz glatt rühren. Puderzucker mit Sahnesteif mischen. Die Mascarponemasse steif schlagen, dabei nach und nach die Puderzuckermischung einstreuen. Zuletzt den Likör kurz unterrühren.

10. Die Creme in einen Spritzbeutel mit Lochtülle (Ø 1 cm) füllen und in Streifen auf jeden Cupcake spritzen. Dafür zunächst dicht nebeneinander 3–4 Streifen Creme von links nach rechts aufspritzen. Dann darauf quer nochmals dicht nebeneinander 3–4 Streifen Creme aufspritzen.

11. Die Cupcakes zugedeckt, sodass das Topping nicht zerdrückt wird, etwa 15 Minuten in den Kühlschrank stellen. Cupcakes vor dem Servieren mit Kakaopulver bestäuben und mit Zebra-Röllchen bestreuen.

72 ROSEN-TRÜFFEL-CAKES 12 STÜCK

FÜR FEINE DAMEN

PRO STÜCK: E: 7 g, F: 31 g, Kh: 36 g, kJ: 1893, kcal: 453, BE: 3,0
ZUBEREITUNGSZEIT: 60 Minuten, ohne Kühlzeit
BACKZEIT: 20–25 Minuten

ZUM VORBEREITEN:

1 rote Rose (unbehandelt)

1 Eiweiß

2 EL Zucker

200 g Vollmilch-Kuvertüre (etwa 30 % Kakaoanteil)

250 g Schlagsahne (mind. 30 % Fett)

60 g Sesamsamen, geschält

FÜR DEN TEIG:

150 g Butter oder Margarine (zimmerwarm)

120 g Zucker

1 Prise Salz

3 Eier (Größe M)

160 g Weizenmehl

½ **TL** gem. Kardamom

1 ½ gestr. TL Dr. Oetker Backin

12 weiße Marc-de-Champagne-Trüffel (etwa 150 g)

FÜR DAS TOPPING:

1 TL Rosenwasser

AUSSERDEM:

12 Muffin-Papierbackförmchen

1. Zum Vorbereiten die Rosenblätter abzupfen, ganz dünn mit Eiweiß bepinseln und mit Zucker bestreuen. Die Rosenblätter zum Trocknen auf einen Kuchenrost legen.

2. Die Kuvertüre in kleine Stücke hacken. Die Sahne in einem Topf zum Kochen bringen. Den Topf von der Kochstelle nehmen. Die Kuvertürestücke zu der Sahne in den Topf geben und darin unter Rühren schmelzen lassen. Die Schokoladensahne etwas abkühlen lassen. Anschließend zugedeckt 3–4 Stunden in den Kühlschrank stellen.

3. Sesamsamen in einer Pfanne ohne Fett unter Wenden goldbraun rösten und auf einen Teller geben.

4. Die Mulden einer Muffinform für 12 Muffins mit den Papierbackförmchen auslegen.

5. Den Backofen vorheizen.
Ober-/Unterhitze: etwa 180 °C
Heißluft: etwa 160 °C

6. Für den Teig Butter oder Margarine mit Zucker und Salz in einer Rührschüssel mit einem Mixer (Rührstäbe) zunächst kurz auf niedrigster, dann auf höchster Stufe etwa 4 Minuten schaumig schlagen. Eier nach und nach unterrühren (jedes Ei etwa ½ Minute).

7. Mehl mit Kardamom, Backpulver und 45 g von dem gerösteten Sesam gut vermischen. Die Mehlmischung unter die Eier-Fett-Masse rühren.

8. Den Teig gleichmäßig in der Form verteilen und in jede Teigportion vorsichtig 1 Trüffel drücken. Die Muffinform auf dem Rost in den vorgeheizten Backofen schieben. Die Cupcakes **20–25 Minuten backen.**

9. Die Muffinform auf einen Kuchenrost stellen. Cupcakes nach etwa 5 Minuten aus der Form lösen und auf dem Kuchenrost erkalten lassen.

10. Für das Topping die Schokoladensahne mit dem Rosenwasser mit dem Mixer (Rührstäbe) aufschlagen und in einen Spritzbeutel mit großer Blatttülle füllen. Die Schokoladensahne in Blütenform dekorativ auf die Cupcakes spritzen. Die Cupcakes zugedeckt, sodass die Schokoladensahne nicht zerdrückt wird, etwa 1 Stunde in den Kühlschrank stellen.

11. Vor dem Servieren jeden Cupcake mit etwas von dem restlichen Sesam bestreuen und mit einem gezuckerten Rosenblatt dekorieren.

Tipps: Die Rosenblätter nach Möglichkeit nicht abspülen, da sie leicht gedrückt und verletzt werden können. Wenn Sie sie dennoch abspülen möchten, dann dabei sehr vorsichtig sein und die Blätter anschließend vollständig trocknen lassen, bevor Sie sie mit dem Eiweiß bepinseln. Die Rosenblätter sind in gut schließenden Blechdosen etwa 6 Wochen haltbar.

74 HIBISCUS CUPCAKES 12 STÜCK

PRO STÜCK: E: 8 g, F: 20 g, Kh: 26 g, kJ: 1333, kcal: 318, BE: 2,0
ZUBEREITUNGSZEIT: 40 Minuten, ohne Kühlzeit
BACKZEIT: 25–30 Minuten

MIT KRÖNCHEN

FÜR DEN TEIG:

3 Eiweiß (Größe M)
1 Prise Salz
120 g Zucker
3 Eigelb (Größe M)
150 g Butter oder Margarine (zimmerwarm)
100 g Schmand (Sauerrahm)
100 g Weizenmehl
120 g gem. Mandeln
1 gestr. TL Dr. Oetker Backin

FÜR DAS TOPPING:

250 g Hibiskusblüten mit Saft (aus dem Glas)
150 g Milch (1,5 % Fett)
1 Pck. Quarkfein Vanille (Dessertpulver)
250 g Magerquark

AUSSERDEM:

12 Muffin-Papierbackförmchen

---

1. Die Mulden einer Muffinform für 12 Muffins mit den Papierbackförmchen auslegen.

2. Den Backofen vorheizen.
Ober-/Unterhitze: etwa 180 °C
Heißluft: etwa 160 °C

3. Für den Teig Eiweiß mit Salz mit einem Mixer (Rührstäbe) auf höchster Stufe steif schlagen. 3 Minuten weiterschlagen, dabei nach und nach 100 g von dem Zucker unterschlagen.

4. In einer anderen Rührschüssel Eigelb mit Butter oder Margarine und restlichem Zucker mit einem Mixer (Rührstäbe) zunächst kurz auf niedrigster, dann auf höchster Stufe etwa 4 Minuten schaumig schlagen. Zuletzt den Schmand kurz unterheben.

5. Mehl mit Mandeln und Backpulver gut vermischen. Die Mehlmischung in 2 Portionen abwechselnd mit dem Eischnee unter die Eigelb-Fett-Masse rühren. Den Teig gleichmäßig in der Form verteilen. Die Muffinform auf dem Rost in den vorgeheizten Backofen schieben. Die Cupcakes **25–30 Minuten backen.** Die Muffinform auf einen Kuchenrost stellen.

6. Für das Topping die Hibiskusblüten in einem Sieb gut abtropfen lassen, den Hibiskusblütensaft auffangen und 60 ml davon abmessen.

7. Cupcakes nach etwa 5 Minuten aus der Form lösen und noch warm mit dem abgemessenen Hibiskusblütensaft bepinseln. Die Cupcakes auf dem Kuchenrost erkalten lassen.

8. Aus Milch, Dessertpulver und Quark nach Packungsanleitung eine Quarkcreme zubereiten.

9. Die Quarkcreme mit einem Esslöffel gleichmäßig auf den Cupcakes verteilen und mit einem Messer glatt streichen. Die Cupcakes zugedeckt, sodass die Creme nicht zerdrückt wird, etwa 1 Stunde in den Kühlschrank stellen. Die Hibiskusblüten-Cupcakes vor dem Servieren mit je 1 Hibiskusblüte garnieren.

76 COOKIE CUPCAKES 12 STÜCK

PRO STÜCK: E: 4 g, F: 14 g, Kh: 24 g, kJ: 986, kcal: 236, BE: 2,0
ZUBEREITUNGSZEIT: 30 Minuten, ohne Abkühlzeit
GEFRIERZEIT: 6 Stunden

FÜR LECKERMÄULER

FÜR DIE EISMASSE:

80 g Puderzucker
150 g Cookies, z. B. mit Karamell- und Nuss-Stückchen
300 g Schlagsahne (mind. 30 % Fett)
40 g Marzipan-Rohmasse
2 Eigelb (Größe M)
1 Ei (Größe M)
1 EL Zucker

FÜR DAS TOPPING:

2 Eiweiß (Größe M)
80 g Zucker
evtl. 2–3 EL Haselnusskrokant

AUSSERDEM:

12 Muffin-Papierbackförmchen
evtl. 1 Gasbrenner zum Abflämmen des Baisers

---

1. Die Mulden einer Muffinform für 12 Muffins mit den Papierbackförmchen auslegen.

2. Für die Eismasse den Puderzucker in einem kleinen Edelstahltopf bei mittlerer Hitze nach und nach unter Rühren goldbraun karamellisieren lassen. Den Karamell sofort auf ein Backblech (gefettet, mit Backpapier belegt) gießen, sodass eine flache Platte entsteht. Den Karamell erkalten lassen. Karamell in Stücke brechen und mit einer Teigrolle fein zerbröseln.

3. Cookies in einen Gefrierbeutel geben. Den Beutel verschließen. Die Cookies mit einer Teigrolle grob zerbröseln.

4. Die Sahne steif schlagen. Marzipan in kleine Stücke schneiden. Die Marzipanstücke mit dem Eigelb in eine Rührschüssel geben. Die Zutaten mit einem Mixer (Rührstäbe) zunächst kurz auf niedrigster, dann auf höchster Stufe schaumig schlagen. So lange schlagen, bis keine Marzipanstücke mehr zu sehen sind. Zum Schluss die Karamellbrösel unterschlagen.

5. Das Ei mit dem Mixer (Rührstäbe) auf höchster Stufe dick-schaumig schlagen, dabei den Zucker einrieseln lassen. Die Eigelb-Marzipan-Masse mit der steif geschlagenen Sahne und den Cookiebröseln vorsichtig unter die Ei-Zucker-Masse heben. Die Eismasse gleichmäßig in der Form verteilen. Die Muffinform zugedeckt mindestens 6 Stunden in das Gefrierfach stellen.

6. Für das Topping das Eiweiß mit dem Mixer (Rührstäbe) auf höchster Stufe steif schlagen. Der Schnee muss so fest sein, dass ein Messerschnitt sichtbar bleibt. Nach und nach den Zucker unterschlagen und so lange schlagen, bis der Eischnee stark glänzt.

7. Die Baisermasse in einem Spritzbeutel mit Lochtülle (Ø 1 ½ cm) füllen. Die Cookie Cupcakes aus der Form nehmen. Auf jeden Cupcake einen dicken Tupfen Baiser spritzen und vorsichtig mit dem Gasbrenner abflämmen. Oder nach Belieben die gefrorenen Cupcakes mit dem Baiser nochmals mehrere Stunden einfrieren und vor dem Servieren mit 1 Esslöffel Haselnuss-Krokant bestreuen.

Hinweis: Nur ganz frische Eier verwenden, die nicht älter als 5 Tage sind (Legedatum beachten!). Die Cupcakes innerhalb von 24 Stunden verzehren.

78 VERY BERRY CAKES 12 STÜCK

PRO STÜCK: E: 2 g, F: 13 g, Kh: 19 g, kJ: 850, kcal: 203, BE: 1,5
ZUBEREITUNGSZEIT: 30 Minuten
GEFRIERZEIT: 6 Stunden

EISKALTER FRUCHTGENUSS

FÜR DIE EISMASSE:

200 g TK-Beerenmischung
100 g Extra Gelierzucker (2:1)
100 g kleine Baisertupfen (fertig gekauft)
350 g Schlagsahne (mind. 30 % Fett)
1 Pck. Dr. Oetker Vanillin Zucker

FÜR DAS TOPPING:

150 g Schlagsahne (mind. 30 % Fett)
1 TL Zucker
24 frische Himbeeren

AUSSERDEM:

12 Muffin-Papierbackförmchen

1. Die Mulden einer Muffinform für 12 Muffins mit den Papierbackförmchen auslegen.

2. Für die Eismasse die gefrorenen Beeren mit dem Gelierzucker in einem kleinen Topf bei mittlerer Hitze zum Kochen bringen, dabei ab und zu umrühren. Den Topf von der Kochstelle nehmen und die Beeren erkalten lassen.

3. Die Baisertupfen in einen Gefrierbeutel füllen. Den Beutel fest verschließen. Die Baisertupfen mit einer Teigrolle grob zerbröseln.

4. Die Sahne mit dem Vanillin-Zucker mit einem Mixer (Rührstäbe) steif schlagen. Die Sahne unter die erkalteten Beeren heben. Zuletzt die Baiserbrösel unterheben.

5. Die Eismasse gleichmäßig in der Form verteilen. Die Muffinform zugedeckt mindestens 6 Stunden in das Gefrierfach stellen.

6. Für das Topping Sahne mit Zucker mit dem Mixer (Rührstäbe) steif schlagen. Die Sahne in einen Spritzbeutel mit Sterntülle (Ø 1 cm) füllen. Very Berry Cakes aus der Muffinform nehmen, mit der Sahne verzieren, mit je 2 Himbeeren garnieren und sofort servieren.

Tipp: Statt tiefgekühlter Beerenfrüchte können Sie auch die gleiche Menge vorbereitete frische Beeren verwenden, z. B. Erdbeeren (geviertelt), Brombeeren, Himbeeren, Heidelbeeren, Sauerkirschen und Johannisbeeren.

80 KALTE HÜNDCHEN 12 STÜCK

PRO STÜCK: E: 6 g, F: 23 g, Kh: 27 g, kJ: 1413, kcal: 337, BE: 2,0
ZUBEREITUNGSZEIT: 30 Minuten, ohne Abkühlzeit

SCHOKO-FRUCHTIGE TÜRMCHEN

FÜR DIE SCHOKOLADENCREME:

300 g Zartbitter-Schokolade (etwa 50 % Kakaoanteil)
350 g Schlagsahne (mind. 30 % Fett)
100 g frische Johannisbeeren
330 g runde Mehrkornkekse (Ø etwa 6 cm)

AUSSERDEM:

12 Muffin-Papierbackförmchen

1. Die Mulden einer Muffinform für 12 Muffins mit den Papierbackförmchen auslegen.

2. Für die Schokoladencreme die Schokolade in kleine Stücke brechen. Die Sahne in einem Topf zum Kochen bringen. Den Topf von der Kochstelle nehmen. Die Schokoladenstücke zu der Sahne in den Topf geben und darin unter Rühren schmelzen lassen. Die Schokoladensahne etwas abkühlen lassen. Anschließend die Schokoladensahne zugedeckt 2–3 Stunden in den Kühlschrank stellen.

3. Die Johannisbeeren kurz abspülen und abtropfen lassen. Die Beeren von den Rispen streifen.

4. In jede Muffinform einen Keks grob zerbröseln. Die Schokoladensahne mit einem Schneebesen kurz durchrühren. Schokoladensahne in einen Spritzbeutel mit mittelgroßer Sterntülle füllen.

5. Jeweils auf die Keksbrösel einen dicken Tupfen Schokoladencreme spritzen und 6–8 Johannisbeeren darauf verteilen. Dann einen ganzen Keks vorsichtig auf die Creme drücken. Nochmals einen dicken Tupfen Creme auf den Keks spritzen, mit 6–8 Johannisbeeren belegen und darauf wieder einen ganzen Keks drücken.

6. Den oberen Keks zuletzt dekorativ mit einem kleinen, schönen Tupfen Schokoladencreme bespritzen und mit 3 Johannisbeeren garnieren.

7. Die kalten Hündchen zugedeckt, sodass die Creme nicht zerdrückt wird, 2–3 Stunden in den Kühlschrank stellen. Anschließend aus der Form nehmen und servieren.

Tipp: Die kalten Hündchen halten sich im Kühlschrank, gut zugedeckt, 1–2 Tage.

82 GRÜNE-WIESE-CAKES 12 STÜCK

PRO STÜCK: E: 6 g, F: 26 g, Kh: 47 g, kJ: 1881, kcal: 449, BE: 4,0
ZUBEREITUNGSZEIT: 1 Stunde, ohne Abkühlzeit
BACKZEIT: etwa 30 Minuten

WECKEN FRÜHLINGSGEFÜHLE

FÜR DEN TEIG:

2 Eiweiß (Größe M)
1 Prise Salz
160 g Zucker
1 Pck. Dr. Oetker Vanillin-Zucker
2 Eigelb (Größe M)
150 g Butter oder Margarine (zimmerwarm)
2 EL Speiseöl, z. B. Keimöl
200 g Weizenmehl
1 gestr. TL Dr. Oetker Backin
70 ml Orangensaft

FÜR DAS TOPPING:

70 g Zartbitter-Schokolade (etwa 50 % Kakaoanteil)
50 ml Milch (3,5 % Fett)
70 g Butter (zimmerwarm)
50 g Puderzucker

ZUM GARNIEREN:

200 g Marzipan-Rohmasse
50 g Puderzucker
etwas grüne Speisefarbe
etwa 30 bunte Zuckerblümchen

AUSSERDEM:

12 Muffin-Papierbackförmchen

---

1. Die Mulden einer Muffinform für 12 Muffins mit den Papierbackförmchen auslegen.

2. Den Backofen vorheizen.
Ober-/Unterhitze: etwa 180 °C
Heißluft: etwa 160 °C

3. Für den Teig das Eiweiß mit dem Salz mit einem Mixer (Rührstäbe) auf höchster Stufe steif schlagen. Eischnee 3 Minuten weiterschlagen, dabei nach und nach die Hälfte von dem Zucker und den Vanillin-Zucker einrieseln lassen.

4. In einer anderen Schüssel Eigelb mit restlichem Zucker, Butter oder Margarine und Speiseöl schaumig rühren. Mehl mit Backpulver mischen und abwechselnd mit dem Orangensaft mit dem Mixer (Rührstäbe) auf niedrigster Stufe kurz unterrühren. Den Eischnee ebenfalls in 2 Portionen kurz unterrühren.

5. Den Teig gleichmäßig in der Form verteilen. Die Muffinform auf dem Rost in den vorgeheizten Backofen schieben. Die Cupcakes **etwa 30 Minuten backen.**

6. Die Muffinform auf einen Kuchenrost stellen. Cupcakes nach 5 Minuten aus der Form lösen und auf dem Kuchenrost erkalten lassen.

7. Für das Topping Schokolade in kleine Stücke brechen. Milch in einem kleinen Topf erhitzen (nicht kochen lassen). Den Topf von der Kochstelle nehmen, die Schokolade in der Milch schmelzen lassen und glatt rühren. Die Schokomasse abkühlen lassen, bis sie anfängt dicklich zu werden.

8. Butter mit Puderzucker schaumig schlagen. Nach und nach die abgekühlte Schokomasse unter die Buttermasse schlagen. Sollte die Creme sehr weich sein, sie etwa 10 Minuten in den Kühlschrank stellen. Die Schokocreme auf den Cupcakes verteilen und mit einem Teelöffel verstreichen. Cupcakes zugedeckt etwa 15 Minuten in den Kühlschrank stellen.

9. Zum Garnieren in der Zwischenzeit Marzipan mit Puderzucker und Speisefarbe zu einer grasgrünen Masse verkneten. Das Marzipan in 12 Portionen teilen. Für jeden Cupcake eine Portion Marzipan durch eine Knoblauchpresse drücken und als „Wiese“ auf die Schokocreme geben. Die Cupcakes mit Zuckerblümchen garnieren.

Tipps: Wer keine Knoblauchpresse hat, kann die Marzipanportionen auch mithilfe eines Löffels durch ein Metallsieb drücken und so „kurzes Gras“ bekommen.

84 VALENTINE'S DAY CUPCAKES 12 STÜCK

PRO STÜCK: E: 7 g, F: 26 g, Kh: 36 g, kJ: 1684, kcal: 403, BE: 3,0
ZUBEREITUNGSZEIT: 40 Minuten, ohne Kühlzeit
BACKZEIT: etwa 25 Minuten

FÜR VERLIEBTE

FÜR DAS CANACHE-TOPPING:

150 g Zartbitter-Schokolade (etwa 50 % Kakaoanteil)
150 g Schlagsahne (mind. 30 % Fett)
50 g weiße Schokolade

FÜR DEN TEIG:

125 g Butter oder Margarine (zimmerwarm)
125 g Zucker
5 Tropfen Bittermandel-Aroma
½ **gestr. TL** gem. Zimt
3 Eier (Größe M)
75 g abgezogene, gem. Mandeln
175 g Weizenmehl
4 ½ **gestr. TL** Dr. Oetker Backin

ZUM GARNIEREN:

150 g Zartbitter-Kuvertüre (etwa 50 % Kakaoanteil)
etwas Puderzucker

AUSSERDEM:

je 12 Muffin-Papier- und -Alubackförmchen (rosa)
Backpapier
Buchstaben-Ausstechförmchen

---

1. Für das Topping die Zartbitter-Schokolade in Stücke brechen. Sahne in einem Topf erwärmen (nicht kochen). Den Topf von der Kochstelle nehmen, die Schokoladenstücke in die Sahne geben und etwa 1 Minute stehen lassen. Die Schokoladensahne mit einem Schneebesen glatt rühren, bis die Schokolade vollständig geschmolzen ist. Schokoladensahne etwas abkühlen lassen, dann zugedeckt 2–3 Stunden in den Kühlschrank stellen.

2. Die Mulden einer Muffinform für 12 Muffins mit den Papierbackförmchen auslegen. Die weiße Schokolade fein hacken.

3. Den Backofen vorheizen.
Ober-/Unterhitze: etwa 180 °C
Heißluft: etwa 160 °C

4. Für den Teig Butter oder Margarine mit einem Mixer (Rührstäbe) auf höchster Stufe geschmeidig rühren. Nach und nach Zucker, Aroma und Zimt unterrühren. So lange rühren, bis eine gebundene Masse entstanden ist.

5. Eier nach und nach unterrühren (jedes Ei etwa ½ Minute). Mandeln mit Mehl und Backpulver mischen und auf mittlerer Stufe kurz unterrühren. Zuletzt die fein gehackte Schokolade unterheben.

6. Den Teig gleichmäßig in der Form verteilen. Die Muffinform auf dem Rost in den vorgeheizten Backofen schieben. Die Cupcakes **etwa 25 Minuten backen.**

7. Die Muffinform auf einen Kuchenrost stellen. Cupcakes nach 5 Minuten aus der Form lösen und auf dem Kuchenrost erkalten lassen.

8. Zum Garnieren die Kuvertüre grob hacken. Zwei Drittel davon in einem Topf im Wasserbad bei schwacher Hitze unter Rühren schmelzen. Den Topf aus dem Wasserbad nehmen und die restliche Kuvertüre darin unter Rühren schmelzen. Die Kuvertüre auf ein Backblech oder Schneidbrett (mit Backpapier belegt) 2–3 mm dick glatt verstreichen. Die Kuvertüre fest werden lassen.

9. Mit den Buchstabenförmchen vorsichtig Buchstaben aus der Kuvertüre ausstechen. Die Schokoladenbuchstaben vorsichtig vom Backpapier lösen.

10. Die Canachecreme kurz durchrühren. Auf jeden Cupcake etwas von der Creme verstreichen. Die Schokoladenbuchstaben vorsichtig in die Creme drücken. Die Valentine's Day Cupcakes mit Puderzucker bestäuben.

Tipp: Sie können zum Garnieren auch die passenden Buchstaben aus einem fertigen Schoko-Dekor-Alphabet oder Schoko-Dekor-Herzen verwenden.

86 HALLOWEEN CAKES 12 STÜCK

PRO STÜCK: E: 7 g, F: 22 g, Kh: 32 g, kJ: 1461, kcal: 349, BE: 2,5
ZUBEREITUNGSZEIT: 50 Minuten, ohne Gefrier- und Kühlzeit
BACKZEIT: 20–25 Minuten

BEGEISTERT PARTYGÄSTE

ZUM VORBEREITEN:

250 g Hokkaido-Kürbis
1 Pck. Dr. Oetker Pudding-Pulver Vanille-Geschmack
2 EL Zucker
400 ml Milch (1,5 % Fett)

FÜR DEN TEIG:

3 Eiweiß (Größe M)
1 Prise Salz
100 g Zucker
50 g Marzipan-Rohmasse
3 Eigelb (Größe M)
100 g gem. Haselnüsse
100 g Weizenmehl
1 ½ gestr. TL Dr. Oetker Backin
1 gestr. TL gem. Zimt
1 Msp. gem. Nelken
1 Msp. gem. Pfeffer
1 Prise gem. Muskatnuss

FÜR DAS TOPPING:

150 g Butter (zimmerwarm)
80 g Puderzucker
50 g geröstete, geschälte Kürbiskerne zum Bestreuen

AUSSERDEM:

12 Muffin-Papierbackförmchen

---

1. Zum Vorbereiten den Kürbis abwaschen, abtrocknen und mit der Schale grob raspeln. Die Kürbisraspel in einen Gefrierbeutel geben, den Beutel fest verschließen und die Kürbisraspel 1–2 Stunden in das Gefrierfach legen.

2. Aus Pudding-Pulver, Zucker und Milch einen Pudding nach Packungsanleitung – aber mit den hier angegebenen Mengen – zubereiten. Den Pudding in eine Schüssel geben. Frischhaltefolie direkt auf die Puddingoberfläche legen. Den Pudding abkühlen lassen.

3. Die Mulden einer Muffinform für 12 Muffins mit den Papierbackförmchen auslegen.

4. Den Backofen vorheizen.
Ober-/Unterhitze: etwa 180 °C
Heißluft: etwa 160 °C

5. Für den Teig Eiweiß mit Salz mit einem Mixer (Rührstäbe) auf höchster Stufe steif schlagen. Dabei nach und nach den Zucker einrieseln lassen. Marzipan in kleine Stücke schneiden. Die Marzipanstücke mit dem Eigelb in eine Rührschüssel geben. Die Zutaten mit dem Mixer (Rührstäbe) zunächst kurz auf niedrigster, dann auf höchster Stufe schaumig schlagen. So lange schlagen, bis keine Marzipanstücke mehr zu sehen sind.

6. Nüsse mit Mehl, Backpulver, Zimt, Nelken, Pfeffer und Muskatnuss gut vermischen. Die gefrorenen Kürbisraspel lockern, über die Eischneemasse streuen und unterheben. Die Eigelb-Marzipan-Masse und die Mehl-Nuss-Mischung auf die Eischnee-Kürbis-Masse geben und unterheben. Den Teig gleichmäßig in der Form verteilen. Die Muffinform auf dem Rost in den vorgeheizten Backofen schieben. Die Cupcakes **20–25 Minuten backen.**

7. Die Cupcakes nach etwa 5 Minuten aus der Form lösen und auf einem Kuchenrost erkalten lassen.

8. Für das Topping die Butter mit dem Puderzucker cremig aufschlagen. Den vorbereiteten Pudding esslöffelweise unterrühren, dabei darauf achten, dass Butter und Pudding die gleiche Temperatur haben. Die Vanillecreme in eine Spritzbeutel mit Lochtülle (Ø etwa 1 cm) füllen. Auf jeden Cupcake einen dicken Tupfen Creme spritzen.

9. Jeden Halloween Cake vor dem Servieren mit – evtl. grob gehackten – Kürbiskernen bestreuen.

Tipp: Für Kürbisse 160 g Marzipan-Rohmasse mit 10 g Puderzucker verkneten, mit einigen Tropfen roter und gelber Speisefarbe orange einfärben sowie 20 g Marzipan-Rohmasse mit grüner Speisefarbe grün einfärben. Das orangefarbene Marzipan zu 12 gleich großen Kugeln formen, mit einem Messerrücken seitlich ein-, dann etwas flachdrücken. Aus dem grünen Marzipan Ranken formen. Die Kugeln mit den Ranken zu Kürbissen modellieren. Jeden Cake mit einem Kürbis garnieren.

88 CUPCAKES FOR GIRLS 12 STÜCK

PRO STÜCK: E: 5 g, F: 19 g, Kh: 34 g, kJ: 1368, kcal: 328, BE: 3,0
ZUBEREITUNGSZEIT: 40 Minuten, ohne Kühlzeit
BACKZEIT: 25–30 Minuten

SÜSS, GLITZERND & PINK

ZUM VORBEREITEN:

250 g frische Rote-Bete-Knollen

FÜR DEN TEIG:

3 Eiweiß (Größe M)
1 Prise Salz
140 g Zucker
150 g Butter oder Margarine (zimmerwarm)
3 Eigelb (Größe M)
160 g Weizenmehl
1 gestr. TL Dr. Oetker Backin

FÜR DAS TOPPING:

300 g Doppelrahm-Frischkäse
60 g Puderzucker
50 g rosa Zuckerkristalle
1 EL Zuckerherzen

AUSSERDEM:

12 Muffin-Papierbackförmchen

---

1. Zum Vorbereiten die Rote Bete mit Handschuhen schälen und fein reiben. Aus den Rote-Bete-Raspeln etwa 1–2 Teelöffel Saft auspressen und beiseitestellen. Von den Rote-Bete-Raspeln 160 g abwiegen und für den Teig beiseitestellen.

2. Die Mulden einer Muffinform für 12 Muffins mit den Papierbackförmchen auslegen.

3. Den Backofen vorheizen.
Ober-/Unterhitze: etwa 180 °C
Heißluft: etwa 160 °C

4. Für den Teig Eiweiß mit Salz mit einem Mixer (Rührstäbe) auf höchster Stufe steif schlagen. Den Eischnee 3 Minuten weiterschlagen, dabei nach und nach 100 g von dem Zucker unterschlagen.

5. In einer anderen Schüssel Butter oder Margarine mit Eigelb und restlichem Zucker mit dem Mixer (Rührstäbe) zunächst kurz auf niedrigster, dann auf höchster Stufe etwa 4 Minuten schaumig schlagen. Anschließend die beiseitegestellten Rote-Bete-Raspeln unterheben.

6. Mehl mit Backpulver gut vermischen. Die Mehlmischung in 2 Portionen abwechselnd mit dem Eischnee unter die Eigelb-Fett-Masse rühren.

7. Den Teig gleichmäßig in der Form verteilen. Die Muffinform auf dem Rost in den vorgeheizten Backofen schieben. Die Cupcakes **25–30 Minuten backen.**

8. Die Muffinform auf einen Kuchenrost stellen. Cupcakes nach etwa 5 Minuten aus der Form lösen und auf dem Kuchenrost erkalten lassen.

9. Für das Topping Frischkäse mit Puderzucker und den beiseitegestellten 1–2 Teelöffeln Rote-Bete-Saft glatt rühren. Die Frischkäsecreme mit einem Messer kuppelförmig auf die Cupakes streichen. Die Cupcakes zugedeckt, sodass das Topping nicht zerdrückt wird, etwa 1 Stunde in den Kühlschrank stellen.

10. Vor dem Servieren die Cupcakes mit Zuckerkristallen und -herzen bestreuen.

90 LADYBUG CUPCAKES 12 STÜCK

PRO STÜCK: E: 5 g, F: 19 g, Kh: 52 g, kJ: 2159, kcal: 401, BE: 4,5
ZUBEREITUNGSZEIT: 40 Minuten, ohne Kühlzeit
BACKZEIT: etwa 30 Minuten

GLÜCKSBRINGER

FÜR DEN RÜHRTEIG:
180 g Butter oder Margarine (zimmerwarm)
180 g Zucker
1 Pck. Dr. Oetker Vanillin-Zucker
1 Pck. Dr. Oetker Finesse Geriebene Zitronenschale
3 Eier (Größe M)
150 ml Multivitaminsaft
375 g Weizenmehl
3 gestr. TL Dr. Oetker Backin

FÜR DEN GUSS:
50 g Puderzucker
3 TL Wasser
etwas rote Speisefarbe
braune Zuckerschrift

FÜR DIE FÜLLUNG:
1 Pck. Backfeste Puddingcreme
125 g kalte Schlagsahne (mind. 30 % Fett)
125 ml Multivitaminsaft

12 Schokogebäckstangen

---

1. Die Mulden einer Muffinform für 12 Muffins fetten und mehlen.

2. Den Backofen vorheizen.
Ober-/Unterhitze: etwa 180 °C
Heißluft: etwa 160 °C

3. Für den Teig Butter oder Margarine mit einem Mixer (Rührstäbe) auf höchster Stufe geschmeidig rühren. Nach und nach Zucker, Vanillin-Zucker und Zitronenschale unterrühren. So lange rühren, bis eine gebundene Masse entstanden ist.

4. Eier nach und nach unterrühren (jedes Ei etwa ½ Minute). Anschließend den Multivitaminsaft unterrühren. Mehl mit Backpulver mischen und in 2 Portionen auf mittlerer Stufe kurz unterrühren.

5. Den Teig gleichmäßig in der Form verteilen. Die Muffinform auf dem Rost in den vorgeheizten Backofen (unteres Drittel) schieben. Die Cupcakes **etwa 30 Minuten backen.**

6. Die Muffinform auf einen Kuchenrost stellen. Cupcakes nach 5 Minuten aus der Form lösen und auf einem Kuchenrost erkalten lassen.

7. Von jedem Cupcake waagerecht einen dicken Deckel abschneiden. Dann den Deckel so in 2 Teile schneiden, dass ein Teil größer als der andere ist.

8. Für den Guss den Puderzucker mit dem Wasser zu einem dickflüssigen Guss verrühren. Den Guss mit roter Speisefarbe einfärben und den größeren Teil des Deckels mithilfe eines Messers damit bestreichen. Mit der braunen Zuckerschrift Punkte auf den Guss und auf den kleineren Teil des Deckels ein Gesicht malen. Den mit Guss bestrichenen Deckel in der Mitte noch einmal durchschneiden, sodass „Flügel" entstehen.

9. Für die Füllung die Puddingcreme nach Packungsanleitung, aber nur mit 125 g Sahne und 125 g Multivitaminsaft, zubereiten. Die Creme sofort in einen Gefrierbeutel füllen. Den Beutel fest verschließen, eine kleine Ecke abschneiden und die Creme gleichmäßig auf die Unterteile der Cupcakes spritzen. Anschließend das „Gesicht" und die „Flügel" auf die Creme setzen.

10. Die Gebäckstangen in etwa 5 cm lange Stücke teilen und pro Käfer jeweils 2 Stücke als „Fühler" in die Creme stecken.

RATGEBER & PRAKTISCHE TIPPS

Cupcakes sind bereits seit vielen Jahren in den USA, in Großbritannien und Australien absolut angesagt. Längst haben Sie auch Deutschland erobert. Cupcakes heißen Cupcakes weil diese kleinen, edlen Törtchen in Tassen gebacken oder die Zutaten mit Tassen abgemessen wurden. Sie haben Ähnlichkeit mit Muffins – der Teig ist jedoch süßer und lockerer. Charakteristisch für Cupcakes ist eine Cremehaube – auch Topping, Frosting oder Icing genannt – die aufgespritzt oder aufgestrichen wird.

DIE TEIGE

Es eignet sich Biskuit-, Rühr- oder All-in-Teig. Das Gebäck ist am Zubereitungstag besonders luftig und locker. Am nächsten Tag ist die Krume im Allgemeinen etwas fester. Zum Vorbereiten lassen sich die erkalteten Cupcakes sehr gut einfrieren. Am Verzehrtag kann man sie dann auftauen und das Topping zubereiten.

DAS TOPPING

Die Cremehaube gibt dem Cupcake meist den Namen. Hier sind der Fantasie keine Grenzen gesetzt. Voraussetzung ist nur, dass die Creme streich- oder spritzfähig ist und eine gewisse Festigkeit hat, damit sie nicht von der Cupcake-Oberfläche herunterläuft.

In diesem Buch finden Sie viele verschiedene Toppings, zum Beispiel aus Buttercreme, Eiweiß, Sahne, Mascarpone oder Frischkäse. Sie sind meist mit Früchten oder anderen Zutaten aromatisiert oder auch gefärbt.

DIE GARNIERUNG

Alles ist möglich – von edel und schlicht bis flippig und bunt: Zuckerblüten, Zuckerperlen, Fruchtgummis, Fruchtstücke, Marshmallows, Kekse, Nüsse, Trockenfrüchte, Sirup, Likör, Schokolade, Pralinen und vieles mehr. Jedoch sollte die Garnierung nicht zu schwer sein, damit sie nicht das Topping herunterdrückt oder gar abrutscht. Flüssige Garnierung sowie Dekoration aus Zucker möglichst erst direkt vor dem Servieren auf das Topping aufbringen, damit sie sich nicht auflöst.

DIE BACKFORM

Der Teig wird zumeist in einer Muffinform für 12 Muffins gebacken. In einigen Rezepten haben wir aber auch eine Form für 24 kleine Muffins angegeben. Sie können jedoch jedes der im Buch enthaltenen Rezepte in einer 12er oder einer 24er-Form backen. Die Backzeiten erhöhen bzw. verringern sich dann um wenige Minuten. Die Muffinform wird entweder gefettet und gemehlt oder einfach – wie in den Rezepten im Buch angegeben – mit 12 bzw. 24 Papierbackförmchen bestückt. Das erleichtert hinterher das Säubern der Form und es sieht auch hübscher aus. Hier gibt es viele schöne Varianten an Farben und Mustern. Mittlerweile bekommen Sie auch wieder verwendbare Förmchen aus Silikon.

Als dekorative Variante kann für Cupcakes in „Normalgröße“ auch in Quadrate geschnittenes Backpapier (etwa 19 x 19 cm) anstelle der Papierbackförmchen verwendet werden. Dieses dann sorgfältig in die leicht gefetteten Formmulden drücken, damit es gut anliegt.

Die ursprünglichen Tassen sind nicht zu empfehlen, da sie erstens für den Backofen hitzebeständig sein müssen – das sind die meisten Tassen nicht – und zweitens meist nicht die richtige Größe haben. Dadurch ist die im Rezept angegebene Cupcake-Anzahl und die Backzeit nicht mehr zuverlässig.

WEITERE UTENSILIEN

Zum Aufstreichen des Toppings reicht meist ein normales Tafelmesser. Wird das Topping aufgespritzt, so benötigt man einen Spritzbeutel (es gibt auch durchsichtige Einmal-Spritzbeutel im Handel) und große Spritztüllen (Lochtüllen und Sterntüllen).

AUFBEWAHRUNG

Bewahren Sie Cupcakes in luftdichten Behältern auf. Fertige Cupcakes mit leicht verderblichen Toppings gehören in den Kühlschrank. Achten Sie darauf, dass der Behälter hoch genug ist, damit das Topping nicht zerstört wird. Zuckerstreusel, Früchte usw. sollten nach Möglichkeit immer erst kurz vor dem Servieren auf die Cupcakes gestreut werden.

ALLGEMEINE HINWEISE

ABKÜRZUNGEN

EL	=	Esslöffel
TL	=	Teelöffel
Msp.	=	Messerspitze
Pck.	=	Packung/Päckchen
g	=	Gramm
kg	=	Kilogramm
ml	=	Milliliter
l	=	Liter
evtl.	=	eventuell
geh.	=	gehäuft
gestr.	=	gestrichen
gem.	=	gemahlen
ger.	=	gerieben
TK	=	Tiefkühlprodukt
°C	=	Grad Celsius
Ø	=	Durchmesser

KALORIEN-/NÄHRWERT-ANGABEN

E	=	Eiweiß
F	=	Fett
Kh	=	Kohlenhydrate
kJ	=	Kilojoule
kcal	=	Kilokalorien
BE	=	Broteinheiten

Bei den Nährwertangaben in den Rezepten handelt es sich um auf- bzw. abgerundete ganze Werte. Lediglich die Broteinheiten werden in 0,5er-Schritten mit einer Stelle nach dem Komma angegeben. Aufgrund von ständigen Rohstoffschwankungen und/oder Rezepturveränderungen bei Lebensmitteln kann es zu Abweichungen kommen. Die Nährwertangaben dienen daher lediglich Ihrer Orientierung und eignen sich nur bedingt für die Berechnung eines Diätplans, zum Beispiel bei Krankheiten wie Diabetes. Bei krankheitsbedingten Diäten richten Sie sich daher bitte nach den Anweisungen Ihres Diätassistenten bzw. Ihres Arztes.

ALLGEMEINE HINWEISE ZU DEN REZEPTEN

Lesen Sie bitte vor der Zubereitung – besser noch vor dem Einkaufen – das Rezept einmal vollständig durch. Oft werden Arbeitsabläufe oder -zusammenhänge dann klarer.

EIERHINWEIS

Wenn Eier in einem Rezept nicht mitgebacken werden, nur ganz frische Eier verwenden, die nicht älter als 5 Tage sind (Legedatum beachten).

ZUTATENLISTE

Die Zutaten für die Rezepte sind in der Reihenfolge ihrer Verarbeitung aufgeführt.

ARBEITSSCHRITTE

Die Arbeitsschritte sind einzeln hervorgehoben, in der Reihenfolge, in der wir sie ausprobiert haben.

ZUBEREITUNGSZEITEN

Die Zubereitungszeit ist ein Anhaltswert für die Dauer der Vorbereitung und die eigentliche Zubereitung. Längere Wartezeiten wie Kühl- oder Abkühlzeiten, Auftau- und Durchziehzeiten sind, sofern parallel keine weitere Tätigkeit erfolgt, nicht in der Zubereitungszeit enthalten. Die Backzeiten werden in der Regel gesondert ausgewiesen.

BACKOFENEINSTELLUNG UND BACKZEITEN

Die in den Rezepten angegebenen Backtemperaturen und -zeiten sind Richtwerte, die je nach individueller Hitzeleistung Ihres Backofens über- oder unterschritten werden können. Machen Sie nach Beendigung der angegebenen Backzeit eine Garprobe. Die Temperaturangaben in diesem Buch beziehen sich auf Elektrobacköfen. Die Temperatureinstellungsmöglichkeiten für Gasbacköfen variieren je nach Hersteller, sodass wir keine allgemeingültigen Angaben machen können. Bitte beachten Sie deshalb bei der Einstellung des Backofens die Gebrauchsanleitung des Herstellers. Ein Backofenthermometer eignet sich dabei gut, um die Backofentemperatur im Blick zu haben.

EINSCHUBHÖHE

Die Muffinform wird – wenn nicht anderes angegeben – in der Mitte des Backofens auf dem Rost eingeschoben. Abweichungen sind von der Ausführung Ihres Backofens abhängig. Beachten Sie daher auch die Angaben Ihres Herstellers.

ALPHABETISCHES REGISTER

Versuch macht klug!
Selbst mitmachen und die Dr. Oetker Versuchsküche live erleben – heißt es in Bielefeld. Dort finden regelmäßig Seminare und Vorführungen statt, bei denen den Profis der Versuchsküche über die Schulter geschaut und selbst Hand angelegt werden kann.
Es gibt wertvolle Tipps und so manch raffinierter Trick wird verraten. Zum Abschluss kann das Selbstgemachte in gemütlicher Runde probiert werden. Erleben Sie einen schönen Tag in der Dr. Oetker Versuchsküche.
Wir freuen uns auf Sie.
Alle Infos unter www.oetker.de oder unter 00800 71 72 73 74 (gebührenfrei in Deutschland).
Dr. Oetker
Qualität ist das beste Rezept.

Umwelthinweis — Dieses Buch und der Einband wurden auf chlorfrei gebleichtem Papier gedruckt. Die Einschrumpffolie – zum Schutz vor Verschmutzung – ist aus umweltfreundlichem und recyclingfähigem PE-Material.

Copyright — © 2012 by Dr. Oetker Verlag KG, Bielefeld

Redaktion — Christina Langner

Titelfoto — Thomas Diercks, Hamburg

Innenfotos — Anke Politt, Hamburg (S. 4/5, 8–39, 43–83, 87, 88/89)
Walter Cimbal, Hamburg (S. 85)
Thomas Diercks, Hamburg (S. 41, 90)
Janne Peters, Hamburg (S. 7)

Rezeptentwicklung und Foodstyling — Christine Bergmayer, Hamburg

Nährwertberechnungen — Nutri Service, Hennef

Grafisches Konzept, Satz und Titelgestaltung — kontur:design, Bielefeld

Reproduktionen — Mohn Media Mohndruck GmbH, Gütersloh

Druck und Bindung — Firmengruppe APPL, aprinta Druck, Wemding

Wir danken für die freundliche Unterstützung — Seeberger, Ulm

Die Autoren haben dieses Buch nach bestem Wissen und Gewissen erarbeitet. Alle Rezepte, Tipps und Ratschläge sind mit Sorgfalt ausgewählt und geprüft. Eine Haftung des Verlages und seiner Beauftragten für alle erdenklichen Schäden an Personen, Sach- und Vermögensgegenständen ist ausgeschlossen.
Nachdruck und Vervielfältigung (z. B. durch Datenträger aller Art) sowie Verbreitung jeglicher Art, auch auszugsweise, ist nur mit ausdrücklicher Genehmigung und Quellenangabe gestattet.

ISBN: 978-3-7670-0792-5